Monique Callamand

*Maître de conférences
à l'Université de Paris III
U.F.R. Didactique
du français langue étrangère*

Michèle Boularés

Exercices d'apprentissage 1

 **Larousse** | Français langue étrangère

Diffusion CLE INTERNATIONAL

27, rue de la Glacière 75013 PARIS

AVANT-PROPOS

Ce manuel est conçu comme une **méthode d'apprentissage de la grammaire.** *

Les exercices d'apprentissage 1 s'adressent à des étudiants, adolescents ou adultes, qui ont acquis **une compétence en compréhension d'une centaine d'heures**; ils peuvent être utilisés :

— parallèlement à une méthode d'enseignement de la langue, sous le contrôle du professeur, ou de manière autonome; les corrigés des exercices sont inclus;

— à un niveau plus avancé, par des étudiants qui souhaitent réviser la grammaire du français et combler d'éventuelles lacunes tout en pratiquant la langue.

Chaque dossier traite d'un point grammatical **à partir du degré zéro de connaissance** et fait passer l'étudiant par les étapes suivantes :

— une phase d'observation active (lecture d'un document, relevé de formes, classement);

— la pratique guidée d'exercices;

— la vérification des acquisitions;

— et, le plus souvent, la production libre.

Le souci constant a été de **traiter les difficultés pas à pas en faisant appel à la réflexion de l'apprenant** :

— approche par micro-systèmes avec mises au point grammaticales intégrées,

— apprentissage systématique des conjugaisons à partir d'un classement sur les régularités/irrégularités morphologiques (formes du radical du verbe conjugué par rapport à l'infinitif),

— conception des exercices qui, par leur forme et leur variété, fournissent des éclairages divers pour faciliter l'intégration simultanée du point grammatical et de ses emplois.

Par ailleurs, **la grammaire est présentéee comme une composante de l'expression** : le choix des thèmes, l'éventail des situations de communication, la mise en relation de formes grammaticales et d'actes de parole doivent contribuer à faire saisir la valeur des aspects grammaticaux et leur rôle dans la communication.
Pour faciliter l'accès de ces Exercices à un large public d'étudiants, le support linguistique est constitué d'échantillons variés de français oral et écrit reflétant l'usage quotidien de la langue (dialogues, conversations téléphoniques, messages, lettres, sondages, enquêtes, petites histoires, etc.).

Le contenu des Exercices d'Apprentissage 1 est volontairement sélectif (voir le sommaire ci-contre). Il trouvera un prolongement dans les Exercices d'Apprentissage 2 et 3 sous forme d'approfondissement par étapes successives et d'apports complémentaires.

LES AUTEURS

* Référence: GRAMMAIRE VIVANTE DU FRANÇAIS (français langue étrangère), Monique Callamand. Larousse/CLE INTERNATIONAL, nouvelle édition, 1989.

© Larousse, 1990
ISBN 2.19.039301.9

SOMMAIRE

DÉTERMINANTS

PRONOMS

SOMMAIRE

LE VERBE

LE	LA	L'	LES
AU	À LA	À L'	AUX
DU	DE LA	DE L'	DES

I. le, la, l', les

1 *Lisez le texte, observez...*

PLAN

Pour venir chez moi, tu prends **la** rue Descartes, puis **le** boulevard Carnot à gauche et tu continues jusqu'à la boulangerie. Là, tu verras **la** statue de Pasteur sur **la** petite place : j'habite **l'**immeuble qui est juste derrière **la** statue. Tu entres, tu vas dans **la** cour, tu prends **le** couloir à droite et c'est **la** première porte à gauche. Et n'oublie pas **les** photos de ton voyage en Inde !

BOULEVARD CARNOT

RUE DESCARTES

1. *l'* devant un mot commençant par une voyelle ou un « h » muet.

... et relevez les articles :

— ...... rue Descartes   — ...... immeuble

— ...... boulevard Carnot   — ...... cour

— ...... boulangerie   — ...... couloir

— ...... statue   — ...... première porte

— ...... petite place   — ...... photos

2 Complétez avec le, la, l', les

a. *Itinéraire*

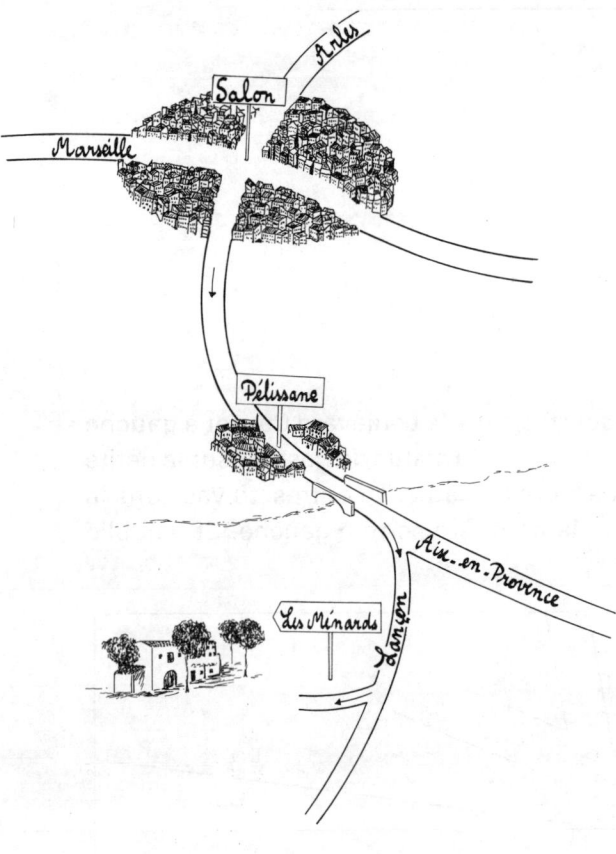

Les Ménards, le 18.12.89.

Cher Paul, chère Michèle,

Nous vous attendons pour ...... jour de ...... an dans notre maison de campagne. Voici ...... indications pour nous trouver.

Vous sortez de Salon, vous prenez ...... route de Pélissane.

A Pélissane, vous traversez tout ...... village et juste après ...... pont, vous quitterez ...... route principale pour prendre ...... route de Lançon. Vous faites 3 kilomètres (...... paysage est magnifique !) et vous verrez ...... panneau qui indique ...... Ménards. ...... chemin n'est pas bon mais ...... maison est à 200 mètres de là à peine, dans ...... arbres.

b. *Départ*

Enfin ...... vacances !

— Tu pars ? Tu vas où ?

— A Avignon. Je pars avec ...... enfants. Je me dépêche, je dois aller chercher ...... billets à ...... agence avant midi !

— Vous prenez ...... avion ?

— Non, ... train. Avec ...... TGV[1], c'est très rapide !

1. *TGV :* train à grande vitesse (Paris-Avignon : 700 km, 3 h 40 min de trajet)

3 Complétez selon votre goût :

J'aime bien **la** viande, ...

J'adore **les** tomates, ...

Mais je déteste **le** fromage, ...

II. au, à la, à l', aux

A. Verbe + à + article *(le, la, l', les)*

4 *Lisez le texte, observez...*

> Pour arriver chez vous, ça n'a pas été facile ! J'ai d'abord demandé **à l'**épicier, puis
> **à la** boulangère, **aux** joueurs de boules aussi (qui ont tous parlé en même temps !)
> et enfin **au** facteur : c'est grâce à lui que je suis ici !

... et relevez les différentes formes de à + **article** :

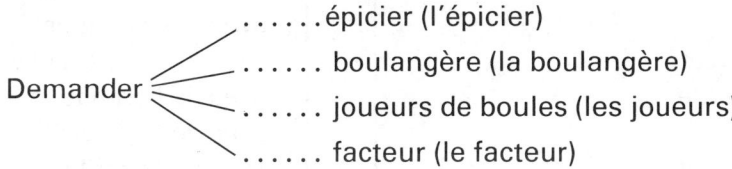

Demander
...... épicier (l'épicier)
...... boulangère (la boulangère)
...... joueurs de boules (les joueurs)
...... facteur (le facteur)

GRAMMAIRE

Les formes sont :

À   LA   À LE ⟶ AU

À   L'   À LES ⟶ AUX

5 *Complétez avec* **au, à la, à l', aux** :

a. J'ai mille choses à faire. Je dois aller ...... Galeries Lafayette, ... pharmacie,
...... banque, ... supermarché et passer ...... université pour prendre mon
dossier d'inscription. Le tout avant cinq heures !

b. Il vit depuis deux ans à Paris et il n'arrive pas à s'habituer ...... bruit, ... agitation,
...... pluie, ... rythme de travail. Il veut retourner vite en province !

c. Nous avons trois enfants. L'aîné est ...... collège, en 5e, le second est ...... école
primaire (...... cours préparatoire) et la petite dernière, qui n'a que deux ans, va
...... garderie.

d. Frédéric est très jeune mais il s'intéresse déjà beaucoup ...... musique, ...
peinture, ... théâtre, ... arts en général.

B. Nom + à + article *(le, la, l', les)*

6 *Faites votre choix. Par exemple : une tarte avec des pommes*
→ *une tarte aux pommes. Et complétez les phrases comme dans l'exemple :*

EXEMPLE : Auriez-vous une tarte aux pommes ?

SALÉ	SUCRÉ
une omelette	un gâteau
une pizza	une tarte
un sandwich	une glace
un poulet	une/des crêpe(s)
une salade	
une/des crêpe(s)	

BOISSON

un café
un thé

avec de la tomate
avec du fromage
avec des champignons
avec du jambon
avec du lait
avec du chocolat
avec de la vanille
avec de l'ananas
avec des noix
avec de la menthe
avec des pommes
avec de l'huile d'olive
avec de l'orange
avec des épinards
avec de la confiture

a. Aimeriez-vous ....?

b. J'aimerais ....

c. Je voudrais bien ....

d. Pour moi, ce sera ....

e. Donnez-moi ....

f. Je te fais ....

g. J'ai préparé ....

h. On mangera ......

i. Prenez ......

j. ...., ça te dirait?

k. Je te prepare ....?

l. Vous voulez ....?

7 *À vous! Faites le menu de votre choix (un hors-d'œuvre,*
une entrée, un plat principal et un dessert) avec des plats composés.

EXEMPLE : Avocat aux crevettes, etc.

III. du, de la, de l', des

A. Verbe + *de* + article *(le, la, l', les)*

8 *Lisez le texte, observez...*

> Hier, j'ai rencontré Pascale.
> — Et qu'est-ce que vous vous êtes raconté de beau?
> — Oh, rien de spécial. Nous avons **parlé de la** pluie et **du** beau temps[1]:
> **des** enfants, **des** vacances, **de la** vie ici, **du** climat, **de** l'avenir...
>
> 1. *parler de la pluie et du beau temps:* parler de choses simples ou peu importantes.

... et relevez les différentes formes de **de** + **article:**

Parler
...... pluie (la pluie)
...... temps (le temps)
...... enfants (les enfants)
...... vacances (les vacances)
...... vie (la vie)
...... climat (le climat)
...... avenir (l'avenir)

GRAMMAIRE

Les formes sont:

DE LA   DE̶ ̶L̶E ⟶ DU

DE L'   DE̶ ̶L̶E̶S ⟶ DES

9 *Complétez avec les éléments proposés:*

ATTENTION, tout compte!
● l'orthographe
● la présentation générale
● le plan
● les idées

a. Pour la note à votre devoir, je tiens compte

— ....

— ....

— ....

— ....

SUJETS DE PLAINTE
● le temps ● l'hôtel ● la nourriture ● l'organisation ● les visites trop fatigantes

b. D'habitude, les groupes de touristes sont contents de leur voyage. Cette fois-ci, les vacanciers se plaignent de tout :

— ....

— ....

— ....

— ....

— ....

PARAMÈTRES
● le quartier ● l'état de l'immeuble ● le confort de l'appartement lui-même ● l'étage ● la superficie évidemment

c. Quel est le prix d'un appartement à Paris ?
— Ça dépend

— ....

— ....

— ....

— ....

— ....

SECTEURS
● production ● relations publiques ● personnel ● investissement ● publicité

d. Je travaille dans une toute petite entreprise. Le directeur s'occupe

— ....

— et ....

et moi,

— ....

— ....

— et ....

ILE DE BRÉHAT
● calme ● bon air ● promenades parmi les fleurs ● douceur de vivre ● spécialités culinaires

e. Venez passer une semaine chez nous, à Bréhat. Vous profiterez

— .... et ....

— ....

— ....

— ....

SOUVENIRS D'ENFANCE
● vieille maison ● magnifique parc ● promenades à cheval

f. Je me souviens très bien

— ....

— ....

— et ....

B. Nom + *de* + article *(le, la, l', les)*

Lisez le texte, observez...

Si vous aimez aller au musée, il y a :
— le musée **de la** Marine
— le musée **des** Arts décoratifs
— le musée **de l'**Homme
— le musée **du** Cinéma

... et complétez avec **du, de la, de l', des** :
vous apprendrez ce que signifient les sigles, si nombreux en français !

EXEMPLE : ONU = Organisation des Nations-unies

a. Qu'est-ce que la SNCF ?

— C'est la Société nationale ...... chemins de fer français.

b. Qu'est-ce que l'INSEE ?

— C'est l'Institut national ...... statistique et ...... études économiques.

c. Qu'est-ce que le CNRS ?

— C'est le Centre national ...... recherche scientifique.

d. Qu'est-ce que le CNPF ?

— C'est le Conseil national ...... patronat français.

e. Qu'est-ce que la CGT ?

— C'est la Confédération générale ...... travail.

f. Qu'est-ce que la FEN ?

— C'est la Fédération ...... éducation nationale.

g. Qu'est-ce que la SPA ?

— C'est la Société protectrice ...... animaux.

h. Qu'est-ce que l'UAP ?

— C'est l'Union ...... assurances de Paris.

11 *À vous ! Imaginez d'autres sigles et leur signification à partir de mots comme :*

Organisation — Union — Société — Association — Institut — Centre — Conseil — Fédération.

C. Locution avec *de* + article (le, la, l', les)

12 *Lisez les exemples, observez…*

Au début **du** roman.
A la fin **de la** pièce.
Au milieu **de l'** histoire.
Au moment **des** adieux.

… et complétez avec **du, de la, de l', des :**

Regardez bien la carte ci-contre : Vous avez :

a. La tour Eiffel en face ...... Trocadéro.

b. L'Arc de Triomphe en haut ...... Champs-Élysées.

c. Le Louvre le long ...... Seine.

d. La Sorbonne au cœur ...... Quartier latin.

e. Le Panthéon près ...... jardin du Luxembourg.

f. Le centre Georges-Pompidou[1] de l'autre côté ...... Halles.

g. Le Sacré-Cœur au sommet ...... butte Montmartre.

h. Notre-Dame à proximité ...... île Saint-Louis.

i. La pyramide du Louvre au milieu ...... cour Napoléon.

j. L'opéra de la Bastille pas loin ...... gare de Lyon.

k. Le musée d'Orsay en face ...... Tuileries.

l. L'Arche à l'entrée ...... Défense.

1. *Centre Georges-Pompidou* ou centre Beaubourg.

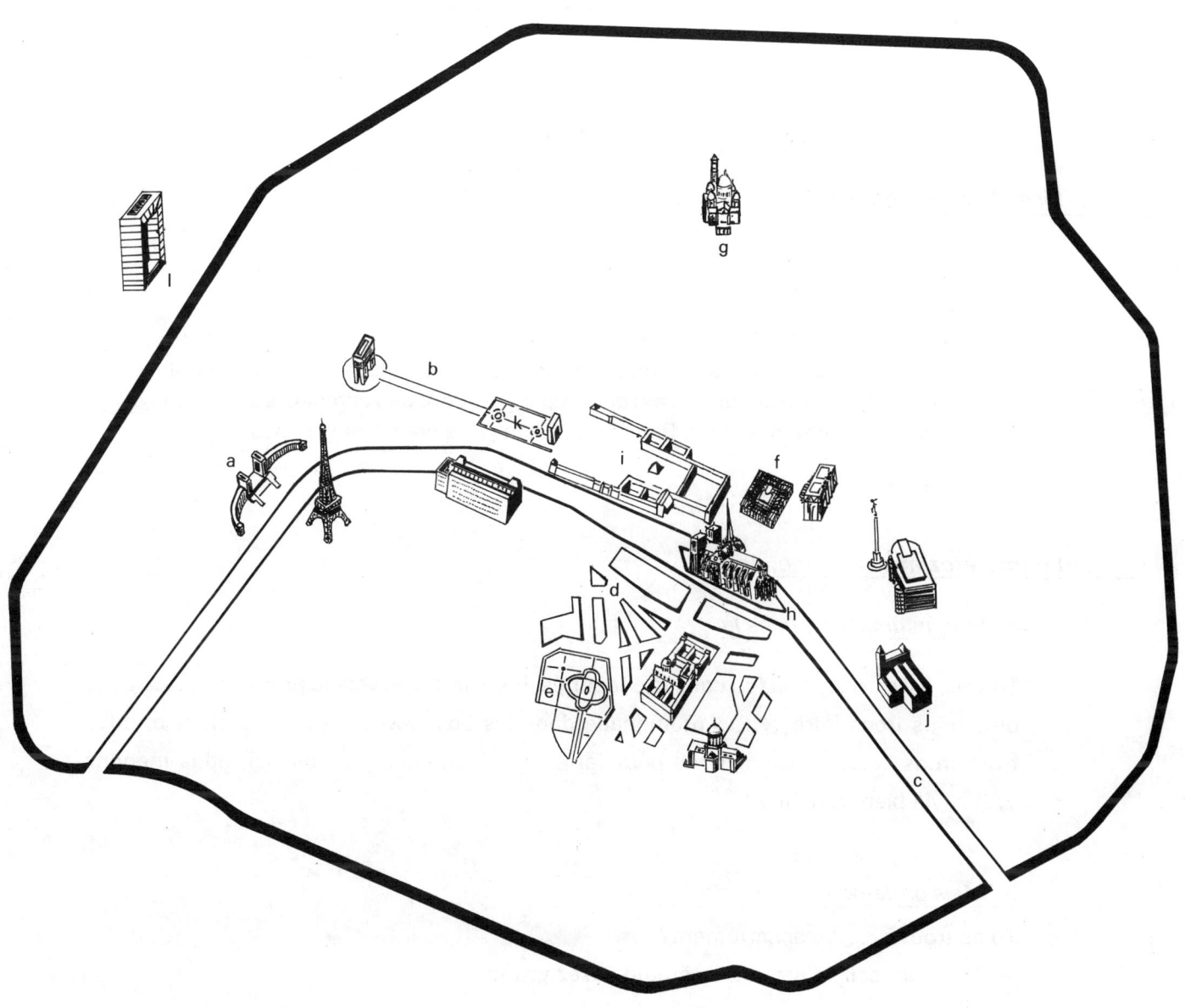

a. Le Trocadéro
b. Les Champs-Élysées
c. La Seine
d. Le Quartier latin

e. Le jardin du Luxembourg
f. Les Halles
g. La butte Montmartre
h. L'île Saint-Louis

i. La cour Napoléon
j. La gare de Lyon
k. Les Tuileries
l. La Défense

13 *Lisez le texte, observez...*

> Je me suis perdu! Quand je suis sorti de Meaux, j'ai pris **une** route à droite, j'ai traversé **un** village puis **une** forêt. Après, j'ai vu **un** lac et heureusement, juste à côté, il y avait **un** terrain de camping; ce sont **des** campeurs qui m'ont expliqué comment venir à Penchard, sinon je ne vous trouvais pas!

... et complétez avec un, une, des :

a. *Bon, maintenant, tu es là...*

Tu vois, il y a ...... bon feu dans la cheminée. Installe-toi, je vais te préparer ...... café, puis nous irons faire ...... promenade dans les bois. Avec un peu de chance, nous trouverons ...... champignons pour faire ...... omelette ce soir. Ici, nous menons ...... vie bien tranquille!

b. *Mais parle-nous un peu de toi...*

Tu as trouvé ...... appartement?
— Oui, hier soir: c'est ...... studio assez grand dans ...... quartier que j'aime beaucoup, les Gobelins, tu connais? Maintenant, il me faut ...... meubles. Dès demain, j'irai acheter ......
........................., ...
.... et ....
— Si tu veux ....
et ...., on peut
te prêter ça.
— Oui, volontiers. Et vous n'auriez pas ....
.... par hasard?
— Non, on n'a pas ça!

canapé-lit
table
chaises

cuisinière à gaz
frigo

étagères de bibliothèque

c. *Une idée de cadeau*

La semaine prochaine, c'est l'anniversaire de Mathilde. Qu'est-ce que je peux bien lui offrir ?

— . . . . . . pull ?

— . . . . . . chaussures de ski ?

— . . . . . . stylo ?

— . . . . . . montre fantaisie ?

— . . . . . lunettes de soleil ?

— . . . . . livre d'art ?

— . . . . . écharpe ?

— . . . . . cassettes ?

d. *A la terrasse d'un café : trois dames...*

M. Vous pouvez m'attendre . . . . . . moment ici, j'ai . . . . . . course à faire ? Ce ne sera pas long.

T. — Pendant ce temps, j'irai m'acheter . . . . . .tickets de métro.

L. — Et moi, ... magazine.

(. . . . . . peu plus tard)

M. On s'est bien amusées ! On a vu passer . . . . . . gens très drôles : . . . . . . dame qui parlait toute seule et qui disait . . . . . . choses incompréhensibles !

L. — Et aussi . . . . . . écoliers avec . . . . . . déguisements[1] fantastiques !

M. — La rue est . . . . . . spectacle !

1. Déguisements : vêtements, masques qu'on met pour faire la fête ; pour la fête de Carnaval en particulier.

e. *Scénario de film*

C'est l'histoire d'. . . . . . écrivain qui, au cours d'. . . . . . week-end chez . . . . . . amis, rencontre . . . . . . jeune danseuse ; . . . . . . grande passion va naître. Puis, ... jour, elle part en tournée à l'étranger et disparaît.

14 *À vous ! Écrivez le scénario d'un film.*

L'expression de la quantité zéro

PAS DE (D')	PLUS DE (D')
JAMAIS DE (D')	NI
SANS	AUCUN(E)

15 *Lisez les deux textes, observez...*

a. Une bonne affaire !

Patricia vient de louer un studio. Bien sûr, il n'y a **pas de bruit**, mais c'est au sixième étage **sans ascenseur** ! Il n'y a **pas de chauffage** et **jamais de soleil** parce qu'il est au nord !

b. Punition

J'ai eu de très mauvaises notes au semestre dernier ; alors mon père a dit : «**Plus de télé ni de cinéma, plus de sorties** avec les copains, **pas de vacances** au ski !» **Aucune** distraction, quoi ! La vie est dure...

... répondez aux questions sur le texte «Une bonne affaire»...

— Est-ce qu'il y a du bruit ?   Non, il ....

....

— Y a-t-il un ascenseur dans l'immeuble ?   Non, c'est un immeuble ....

....

— Où est le chauffage ?   Ah, il ....

....

— Y a-t-il du soleil dans la journée ?   Malheureusement, il ....

....

... et reprenez les interdictions du texte «Punition»

Son père lui interdit :

— la télé et le cinéma,   Plus ....

— les sorties avec les copains.   ....

Il lui supprime aussi :

— les vacances au ski.   ....

— toutes les distractions !   ....

POUR EXPRIMER LA **QUANTITÉ ZÉRO**, ON UTILISE

Pas de
plus de
jamais de
sans
aucun(e)
ni ... ni
} + nom **sans article**

GRAMMAIRE

EXEMPLES :

Pas de taxi.   **Sans** sucre.
Plus d'essence.   **Aucun(e)** ami(e).
Jamais de pluie.   **Ni** chien **ni** chat.
          Pas de chien **ni de** chat.

▶ **de** devient **d'** devant un mot qui commence par une voyelle ou un « h » muet.

16 *Complétez avec les éléments proposés :*

- Journaux
- Téléphone
- Réveil
- Heure fixe pour les repas

a. Pour moi, les vacances c'est :
— pas de journaux
— ....
— ....
— ....
Une chaise-longue, des bouquins, la piscine et c'est tout !

- Dictionnaires et notes de cours
- Bavardages

b. Pour faire ce devoir, vous n'utiliserez
— ni ....
— ....
— et pas .... entre vous !

- Lettres
- Coups de fil
- Visites

c. Elle vit complètement isolée :
— jamais ....
— ....
— ....
C'est bien triste !

- Rhumes
- Angines
- Grippe

d. Passez vos vacances à la montagne et vous n'aurez
— plus ....
— ....
— ....

- Roman
- Pièce de théâtre
- Ecrivain
- Peintre

e. Il ne connaît

— aucun ....

— ....

— ....

— ....

de l'époque 1900. C'est incroyable!

17 *Répondez aux questions avec la négation qui convient:*

MINI-ENQUÊTE: COMMENT VIVEZ-VOUS?

a. Vous avez une voiture?

— Je n'ai ...., je l'ai vendue le mois dernier.

b. Avez-vous des bijoux?

— Non, je n'ai ....

c. Où passez-vous vos vacances?

— Je ne prends ....

d. Possédez-vous une maison de campagne, un bateau...?

— Non, je n'ai ....

e. Avez-vous de l'ambition?

— Non, je ....

f. Vous devez avoir des problèmes, vous?

— Mais non, au contraire, je ....!

18 *À vous! Vous vous plaignez...*

Au choix ⟨ *a.* de votre immeuble (chauffage, gardienne, ascenseur, nettoyage, etc.)
b. de la grève des transports dans une grande ville.

Articles partitifs

DU	DE LA,
DE L'	DES
DE	D'

19 *Lisez le texte, observez...*

LE P'TIT DÈJ'[1] DE MARTINA NAVRATILOVA : 550 calories

- céréales
- lait écrémé
- pain bis[2]
- pâtes ou riz ou patates douces[3]

1. *p'tit dèj'* (familier) : petit déjeuner.
2. pain bis : pain de couleur grise parce qu'il contient du son.
3. *patates douces :* pommes de terre sucrées.

Avant un match, pour avoir **de l'**énergie, Martina mange **des** céréales et boit **du** lait écrémé. Elle refuse de prendre **de la** confiture. Elle prend **des** pâtes ou **du** riz. Elle **ne** boit **pas de** café et **ne** mange **pas d'**aliments sucrés. En règle générale, elle **ne** prend **pas de** graisses **ni d'**œufs.

... et maintenant, sur le modèle du «P'tit dèj'» de Navratilova, complétez le «p'tit dèj'» des grands champions de tennis avec les éléments proposés :

a. *Ivan Lendl* : 700 calories

OUI
• céréales
• fruits
• pain perdu[1] sans œufs
• gelée de fruit

NON
• sucre
• œufs
• beurre
• crème
• jus de fruit

Yvan Lendl fait un petit déjeuner énergétique[2]. Il mange ...... céréales avec ...... fruits ou bien ...... pain perdu sans œufs et .... gelée de fruit. Il ne consomme pas ...... sucre, il ne mange pas ...... beurre, pas ...... crème ni ...... œufs. Il ne boit pas ...... jus de fruit non plus.

1. *pain perdu :* tranches de pain rassis trempées dans du lait et des œufs battus.
2. *énergétique :* qui donne des forces.

b. *Kathy Rinaldi*: 700 calories. Quels conseils lui donnez-vous?

AUTORISÉS
• melon
• salade de fruits
• jus de pomme
• jus de myrtilles
• pain au son
• flocons de maïs
• lait écrémé[1]

INTERDITS
• confiture
• beurre
• cacao
• lait entier[2]
• sucre
• croissants
• brioche

1. *écrémé:* sans crème, sans graisse.
2. *entier:* avec sa crème, sa graisse naturelle.

«Mangez .... et ....».

«Prenez .... et ....».

«Buvez .... et ....».

«Ne mangez pas .... ni ....».

«Ne prenez pas .... ni ....».

«Ne buvez pas .... ni ....».

---

20 *Lisez, observez...*

MATS WILANDER CONSOMME PLUS: 1 300 CALORIES

• des céréales avec du lait (3 bols)
• un toast
• un fruit
• du jus d'orange

Il fait un petit déjeuner substantiel[1] avant chaque match. Il prend **beaucoup de** lait avec **beaucoup de** céréales. Il mange **peu de** pain. Il **ne** prend **jamais de** café mais boit du jus d'orange **en quantité**. Attention, **trop de** jus d'orange peut faire mal à l'estomac. Nous lui conseillons de manger **plus de** fruits et de boire **moins de** jus d'orange.

1. *substantiel:* important, riche.

... et complétez avec les éléments proposés :

a. *Chris Evert* : 600 calories

```
• céréales  ⎫
• bananes  ⎬  beaucoup
• eau      ⎭

• miel        ⎫
• café au lait ⎬ peu
```

```
• beurre    ⎫
• confiture ⎬ jamais

• œufs à la coque ⎫ trop
```

Chris Evert, comme vous le voyez ci-dessus, fait un petit déjeuner de roi[1] avant de disputer un match! Elle mange .... et ....

.... Elle ne prend .... ni ....

.... Elle boit .... Son régime comporte une

faiblesse : elle mange ....! Nous lui conseillons de prendre

moins ...... et plus ....

1. *petit déjeuner de roi :* petit déjeuner abondant.

b. *Stefan Edberg* : 700 calories

```
• céréales    ⎫
• fruits      ⎬  beaucoup
• lait        ⎬
• jus de pomme ⎭

• pain  ⎫ peu
```

```
• confiture ⎫
• miel      ⎬ jamais
• café      ⎬
• thé       ⎭

• beurre   ⎫
• fromage  ⎬ trop
```

Stefan Edberg prend son petit déjeuner trois heures avant un match. Il mange ....

....

Il boit ....

....

Il ne prend jamais ....

....

Nous lui conseillons ....

....

....

....

....

21 *À vous! Qu'est-ce que vous prenez pour votre petit déjeuner?*

1. LE PARTITIF **DU, DE LA, DE L', DES**   SERT À EXPRIMER:

a) **une certaine quantité**

b) **une partie de quelque chose**

Achète
- **du** beurre (250 grammes)
- **des** croissants (une douzaine)
- **de la** confiture (un grand pot)
- **de l'**eau minérale (deux bouteilles)

Il reste
- **du** poulet
- **de la** tarte
- **de l'**ananas

2. LE PARTITIF **DU, DE LA, DE L', DES** SE TRANSFORME EN **DE, D'**

a) **quand on exprime la quantité zéro**

pas **de** ⎫
plus **de** ⎬
jamais **de** ⎪
pas de pain ni **de** ⎬ graisse
plus d'alcool ni **de** ⎪
jamais de sucre ni **de** ⎭

b) **quand on utilise un quantitatif**

beaucoup **de** ⎫
peu **de** ⎪
trop **de** ⎬ lait
plus **de** ⎪
moins **de** ⎪
assez **de** ⎭

On peut dire aussi:

ni pain ni ⎫
sans ⎬ graisse
aucune[1] ⎭

250 grammes **de** beurre
deux bouteilles **d'** eau
un grand pot **de** confiture
une douzaine **de** croissants

1. Masculin: **aucun**
EXEMPLE: aucun problème

GRAMMAIRE

22 *Lisez les phrases suivantes, observez...*

PETITES REMARQUES VESTIMENTAIRES !

- Qu'est-ce que tu penses de **cette** cravate ?
  — Qu'elle ne va pas du tout avec **ce** costume à rayures ! Mets-en une autre !

- Éloïse, il pleut. Tu ne vas pas mettre **ces** chaussures neuves. Mets tes bottes !

- Écoute, je t'ai acheté **cet** ensemble jupe tee-shirt pour aller à l'école, alors mets-le !

- Enlève **cette** écharpe ! Avec la chaleur qu'il fait, tu es ridicule !

... et relevez les mots qui accompagnent l'adjectif démonstratif

— ce . . . .   — cette . . . .
. . . .
. . . .
. . . .
. . . .
— cet . . . .   — ces . . . .
. . . .
. . . .
. . . .
. . . .

... puis ajoutez, dans la liste qui convient, les mots suivants :

pantalon, veste, anorak, gants, baskets, sac, chapeau, imperméable, robe, affreuse jupe, énorme parapluie, horribles vêtements.

GRAMMAIRE

Cet ne s'emploie que devant un nom masculin commençant par une voyelle ou devant un «h» muet.

EXEMPLES : **cet** hôtel,   **cet** excellent repas,   **cet** exemple.

cet homme,   **cet** horrible chapeau,   **cet** autobus.

Devant un «h» aspiré, on utilise **ce**.

EXEMPLES : **ce** huitième festival, **ce** hall.

---

23 *Complétez avec* ce, cet, cette *ou* ces :

DÉSIGNATION

a. C'est toi qui a fais . . . . . . gâteau? C'est un délice!

b. À qui sont . . . . . . clés?

c. Ils ont peint leur chambre en vert pomme!

   Je n'aime pas du tout . . . . . . couleur!

d. Qui t'a offert . . . . . . magnifiques roses?

e. Où va . . . . . . autobus? Porte de Clignancourt?

f. Tu ne vas pas garder . . . . . . affreux tapis dans le salon!

g. Qui t'a raconté . . . . . . histoire?

h. Tu ne mettras pas . . . . . . horrible manteau pour sortir avec moi!

---

24 *Complétez avec* ce, cet, cette *ou* ces :

INDICATION DU TEMPS

a. J'ai commencé à travailler en 1970. À . . . . . . moment-là, on trouvait facilement du travail. . . . . . . dernières années, les choses sont devenues beaucoup plus difficiles!

b. Où étais-tu . . . . . . après-midi à trois heures?

— À . . . . . . heure-là, j'étais chez le médecin.

— Mais tu ne m'avais rien dit?

— Non, j'ai pris rendez-vous . . . . . . matin!

c. Qu'est-ce que vous faites . . . . . . week-end?

— Je travaille à ma thèse. . . . . année, je n'ai pas beaucoup de loisirs!

d. J'ai tellement été occupé(e) . . . . . . jours-ci que je n'ai pas lu les journaux! Qu'est-ce qui s'est passé d'important . . . . semaine?

Adjectifs possessifs

MON	MA	MES	NOTRE	NOS
TON	TA	TES	VOTRE	VOS
SON	SA	SES	LEUR	LEURS

25 *Lisez les textes, observez et complétez :*

VARIATIONS

a. Lui, il ne pense qu'à **son** travail,
        sa voiture,
        ses voyages !

Elle, elle ne pense qu'à **son** mari,
        sa maison,
        ses enfants !

Pascal, le garçon, ne parle que
de . . . . . . club de sport,
de . . . . . . copains,
de . . . . . . petite amie !

Éléonore, la fille, ne parle que
de . . . . . . études,
de . . . . . . santé,
de . . . . . . petit ami !

Mon oncle et ma tante, eux, nous fatiguent avec **leur** maison de campagne, **leurs** vacances en Suisse, ... golf, et . . . . . . petits ennuis de santé !

b. Je cherche toujours quelque chose !
Mes lunettes,
ma montre,
mon porte-monnaie,
. . . . . . agenda,
. . . . . . stylo,
. . . . . . brosse à cheveux,
. . . . . . cartes de crédit,

c. Maintenant, mon mari et moi, nous sommes âgés, nous avons **nos** habitudes, **notre** petite vie tranquille, ... goûts, ... idées, ... cercle d'amis. Vraiment, nous ne pourrions pas vivre avec . . . . . . enfants. Tant que nous le pourrons, nous garderons . . . . . . indépendance !

d. Dorothée, nous allons à la plage.
Prends **ton** maillot,
tes lunettes,
ta crème solaire,
et n'oublie pas ...... chapeau et
...... serviette !

Geoffroy, il pleut. Mets ...... imper [1]
et ...... bottes et protège bien ......
raquette de tennis !

1. *imper :* imperméable (vêtement qui protège de la pluie).

e. Bonjour Monsieur, voilà **vos** papiers : **votre** passeport et ...... visa. Dans cette pochette, vous avez ...... billet d'avion. N'oubliez pas de confirmer ...... départ 24 heures à l'avance. Attention, ... bagages ne doivent pas dépasser 20 kilos. Bon voyage, Monsieur !

f. Ecris ici ...... nom, ... prénom et ...... date de naissance. En-dessous, écris le nom de ...... parents, ... adresse et ...... numéro de téléphone. C'est tout.

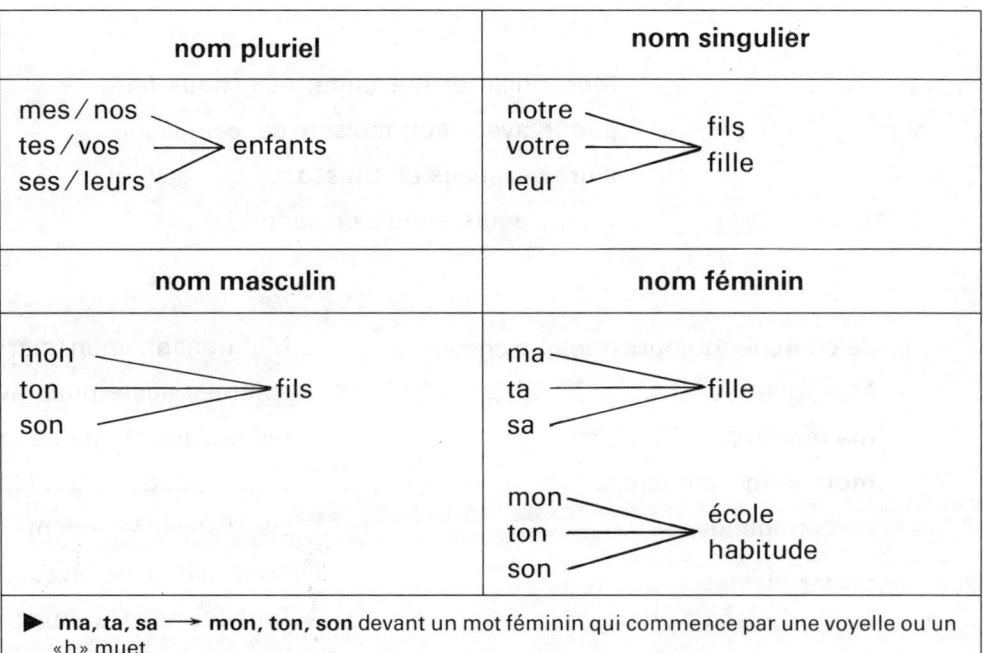

nom pluriel	nom singulier
mes / nos tes / vos ——→ enfants ses / leurs	notre votre ——→ fils leur fille

nom masculin	nom féminin
mon ton ——→ fils son	ma ta ——→ fille sa
	mon ton ——→ école son habitude

▶ **ma, ta, sa** ——→ **mon, ton, son** devant un mot féminin qui commence par une voyelle ou un « h » muet.

26 *Complétez :*

a. *Courrier du cœur*

Monsieur Muche m'écrit ceci :

«Chère Macha,

J'habite depuis trois mois dans un petit immeuble de la banlieue parisienne et je suis tombé amoureux de ...... voisine. Chaque soir, nous descendons ...... poubelle au même moment. Mais voilà, elle est mariée et je ne veux pas briser ...... foyer. Que dois-je faire?»

P. Muche

...... conseil : déménagez !

b. *Sondage d'après Madame Figaro, 26 novembre 88*

L'INTELLIGENCE D'ABORD

Qu'est-ce qui vous intéresse le plus chez un homme ?

Son intelligence	48 %
...... humour	39 %
...... regard	33 %
...... taille	10 %
...... voix	8 %
...... mains	7 %
...... fortune	3 %

... ET UN BON PARFUM

Que remarquez-vous immédiatement sur un homme ?

Sa chemise	35 %
...... parfum	33 %
...... chaussures	18 %
...... cravate	10 %
...... chaussettes	6 %
...... lunettes	3 %
...... montre	1 %

27 *À vous ! Sur le modèle de ce sondage, inventez les réponses à ces deux questions :*

Qu'est-ce qui vous intéresse le plus chez une femme ?
Que remarquez-vous immédiatement sur une femme ?

Pronoms des verbes pronominaux

ME	M'	NOUS
TE	T'	VOUS
SE	S'	

I. Formes des pronoms

28 *Observez l'infinitif et les pronoms utilisés devant le verbe...*

S'ENNUYER			SE DÉPÊCHER		
il elle on	S'	ennuie	il elle on	SE	dépêche
ils elles	S'	ennuient	ils elles	SE	dépêchent
je	M'	ennuie	je	ME	dépêche
tu	T'	ennuies	tu	TE	dépêches
nous	NOUS	ennuyons	nous	NOUS	dépêchons
vous	VOUS	ennuyez	vous	VOUS	dépêchez

... et relevez les verbes pronominaux et leur sujet ;
donnez l'infinitif comme dans l'exemple (a) :

a. Carole se plaint tout le temps, elle s'inquiète pour un oui ou pour un non ! Elle est vraiment pénible !

Carole se plaint → se plaindre
elle s'inquiète → s'inquiéter

b. Bon, on se prépare maintenant et on se presse si on ne veut pas rater le train.

....
....

c. Ah, écoutez, si vous vous mettez en colère, moi, je m'en vais !

....
....

d. Ah, te voilà, nous nous demandions où tu étais passé(e) !
Oh, mais tu t'es fait mal !

....
....

29 *Complétez avec le ou les pronom(s) qui manque(nt):*

a. *Petit Raphaël, 8 ans, ne veut pas se lever*

Sa maman: «Bon, alors maintenant, ça suffit! Tu .... lèves, ...
.... laves et n'oublie pas de .... brosser les dents! Ensuite, ...
.... habilles et tu files à l'école!»

b. *Une secrétaire bien parisienne*

«C'est tous les jours la même chose! Je .... lève à 7 heures, ...
.... prépare en vitesse, ... contente d'un café et d'une
biscotte beurrée pour le petit déjeuner, puis, ... précipite dans le
métro pour être au bureau à 9 heures moins le quart avant mon directeur!»

c. *Un amour de petite fille*

Cette petite fille est adorable. Elle .... couche vers 9 h et .... endort
tout de suite. .... réveille le matin vers 8 heures. Après le petit
déjeuner et la toilette, elle .... amuse avec ses poupées, dessine, écoute des
cassettes...

d. *En promenade*

Le chef de groupe aux enfants: «Alors, est-ce que vous .... dépêchez un
peu! Nous devons rentrer avant la nuit. Et ne dites pas que vous êtes fatigués!
Nous .... sommes arrêtés souvent et vous .... êtes reposés, alors,
maintenant, on .... presse!

GRAMMAIRE

AU PASSÉ COMPOSÉ, ON UTILISE L'AUXILIAIRE **ÊTRE** AVEC LES VERBES
PRONOMINAUX:

EXEMPLE: Il s'**est** coupé.

L'accord du participe passé, observez les deux cas:

Elle s'est repos**ée**
Ils se sont lav**és**   ⎫
Je me suis renseign**é(e)**   ⎬ Verbes sans complément
Nous nous sommes ennuy**é(e)s** ⎭

GRAMMAIRE

Ils se sont lav**é** les mains
Elle s'est coup**é** le doigt
Elle s'est mi**s** le doigt dans l'œil

Ils se sont bross**é** les dents
Elle s'est coup**é** les cheveux
Il s'est tord**u** la cheville

} Verbes à construction directe
+ complément

---

30 *Complétez avec les verbes proposés.*
Faites l'accord du participe passé si c'est nécessaire.

a. Je .... si elle ....
.... au travail !

se demander (présent)
se mettre (passé composé)

b. Hier soir, Marie .... de bonne
heure et elle .... tout de suite.

se coucher (passé composé)
s'endormir (passé composé)

c. Vous .... un voyage chaque
année et vous .... ?!

s'offrir (présent)
se plaindre (présent)

d. Pierre, est-ce que tu .... les
mains ? Et est-ce que tu .... ?

se laver (passé composé)
se coiffer (passé composé)

e. Les enfants .... puis ils .....
.... sur la plage.

se baigner (passé composé)
s'amuser (passé composé)

f. Julie et Michel .... à Paris
et ils .... à Montréal.

se marier (passé composé)
s'installer (passé composé)

II. Place des pronoms : me (m'), nous, te (t'), vous, se (s')

A. Quand le verbe pronominal est à la forme négative

EXEMPLES : Vous **ne** vous sentez **pas** bien ?
Je **ne** me suis **pas** soigné(e).

31 *Complétez avec le verbe proposé.*
Faites l'accord du participe passé si c'est nécessaire.

a. Vous vivez seule et vous .... ?   ne pas s'ennuyer

b. On ne l'a pas vu mais on .... jusqu'à l'heure du dîner.   ne pas s'inquiéter

c. Alors maintenant, vous .... le long du canal Saint-Martin ?   ne plus se promener

d. On peut lui faire confiance, elle.................. ....   ne jamais se tromper

e. Normalement, je .... avant 11 heures du soir.   ne jamais se coucher

f. Comment, tu .... au tennis ?! C'est nouveau !   ne plus s'intéresser

g. C'est quelqu'un de très calme, il .... ou vraiment, c'est rare !   ne jamais se mettre en colère

h. Je crois qu'il .... vraiment.   ne pas se connaître

B. Quand le verbe pronominal est à l'impératif

à la forme négative	à la forme affirmative
Ne T' arrête pas ! Ne NOUS arrêtons pas ! Ne VOUS arrêtez pas !	Arrête - TOI Arrêtons - NOUS Arrêtez - VOUS

32 *Complétez avec* te, t', toi, nous, vous :

a. Tu es fatigué, arrête-.......... un peu !

b. Servez-.......... !

c. Nous sommes en retard, dépêchons-.......... !

d. Calme-.........., ma chérie !

e. Ne .... inquiète pas, tout ira bien.

f. Ne .... faites pas de souci, vous serez à l'heure !

g. Soigne-.......... !

h. Ne .... laisse pas faire !

Pronoms

- de renforcement du pronom sujet
- de remplacement du nom après préposition

MOI	NOUS	TOI	VOUS
LUI	EUX	ELLE	ELLES

33 *Lisez les dialogues, observez...*

---

a. Et Charles-Henri, qu'est-ce qu'il pense de la situation?
— **Pour lui**, l'entreprise marche très bien, il n'y a pas de problèmes!
— Ça ne m'étonne pas! **Lui, il** est toujours optimiste: mais on licencie des employés et **eux, ils** sont inquiets!
— Et **vous, vous** êtes inquiet aussi?
— Évidemment!

b. Il y a un bon film au Palace, on y va?
— **Moi, j'ai** du travail; je reste à la maison.
— **Avec toi,** c'est toujours la même chose: **toi, tu** as du travail, **toi, tu** n'as pas le temps... On ne peut jamais sortir ensemble!

c. J'espère que Béatrice acceptera.
— **Elle, elle** sera d'accord mais son mari risque de refuser!
— C'est très ennuyeux! **Sans elle,** ça ne marchera pas.

... et relevez:

le pronom de renforcement + le pronom sujet correspondant	la préposition + le pronom de remplacement du nom
— lui, il	— pour lui
—	— ....
—	— ....
—	
—	
—	
—	

GRAMMAIRE

$$\left.\begin{array}{l}\textbf{moi, nous} \\ \textbf{toi, vous} \\ \textbf{lui, eux} \\ \textbf{elle, elles}\end{array}\right\}\ \text{s'emploient}$$

1. POUR RENFORCER LE PRONOM SUJET :

EXEMPLES : Je m'en vais. Et vous ?
— **Moi, je** reste.

ou
— **Nous, nous** restons.

Avec un verbe pronominal, **nous** et **vous** sont répétés trois fois !

EXEMPLES : **Nous, nous nous** en allons.
Vous, vous vous couchez.

2. POUR REMPLACER LE NOM DE QUELQU'UN APRÈS UNE PRÉPOSITION COMME :
EXEMPLES : **sur, chez, pour, avec, sans, devant, derrière,** etc..

Venez **chez moi**.
Je fais ça **pour lui**.

34 *Complétez :*

a. Tu ressembles beaucoup à ton père, mais ta sœur, je ne vois pas.
— ......, elle ressemble à ma tante Noémie.

b. Les enfants sont en vacances chez leur grand-mère. Sans ......, la maison est vide !

c. Que faites-vous ?
— ......, je travaille dans une banque.
— Et votre mari ?
......, il est plombier.

d. Je n'ai rien fait. Pourquoi êtes-vous en colère contre ...... ?

e. Mais voyons, ils sont trop jeunes pour se marier !
— ......, vous n'avez rien à dire !

f. François a la grippe et ......, tu l'auras aussi si tu continues à jouer avec ...... !

g. Cette année, nous ne partons pas en vacances. Et ......, qu'est-ce que vous faites ?
— ......, nous partons une semaine seulement en Autriche.

h. Ils ont une grande maison au bord de la mer. Nous passons toujours nos vacances chez ......

ME	M'	(MOI)	NOUS
TE	T'	(TOI)	VOUS
LE	LA	L'	LES
LUI		LEUR	EN

I. me, m', nous — te, t', vous

A. Avec un verbe au temps simple

35 *Lisez les deux dialogues, observez...*

ALLO, CYRIL...

... tu **m'**entends?
— Parle plus fort, je ne **t'**entends pas très bien!
— Je **te** téléphone parce que je ne peux pas passer chez toi, ce soir.
— Alors, tu ne **me** rapporteras pas ma cassette! Si tu ne **me** rends pas cette cassette demain sans faute, je **te** jure que ça ira mal!

ALLO, MARTINE...

... je **vous** appelle pour confirmer notre arrivée le 12 août. Est-ce que ça **vous** convient, à vous et à Patrick?
— Bien sûr, ça **nous** convient parfaitement. Mais, vous savez, nous **vous** recevrons très simplement.
— C'est entendu... Charles ne **nous** accompagnera pas : il prépare ses examens...
— Sébastien ne sera pas là non plus. Il est en Espagne pour tourner son nouveau film.
— Il va bien?
— Je crois que oui. La semaine dernière, il **nous** appelait tous les jours mais maintenant il est en plein tournage et il ne **nous** appelle plus.

... et relevez les verbes :

à la forme affirmative	à la forme négative
— tu m'entends ?	—	— je ne t'entends pas
—	—	— ....
—	—	— ....
—	—	— ....
		— ....

GRAMMAIRE

PLACE DE LA NÉGATION AVEC UN VERBE AU TEMPS SIMPLE

ne .... **pas**

| Charles | : | me, m', nous | accompagnera | : |
| | : | te, t', vous | croira | : |

36 *Complétez avec* **me, m', nous, te, t', vous** *et la négation si c'est nécessaire :*

a. *Querelle*

Je .... répète que tu .... ennuies avec tes histoires !

— Et bien, moi, je .... répète que je .... laisserai .... tranquille

si tu .... écoutes .... et si tu .... réponds ....

franchement !

b. *Message désespéré*

Chère Véronique

Ça ne va pas du tout ! Julien .... aime .... ; il .... téléphone .... quand j'appelle, il .... répond même .... , il .... attend .... à la sortie des cours. Je déprime[1] complètement. Passe me voir ce soir à la maison, s'il te plaît !

Sandrine

1. *Je déprime* (familier) : je suis déprimée.

c. *Invitations*

Aix, le 6 mars 1990

Chère Lucie,

Pouvez-vous venir à la maison le samedi 17? Nous ...... raconterons notre voyage au Yémen. Venez tôt, ça ...... fera plaisir. Nous ...... montrerons les films que nous avons faits et ...... donnerons tous les détails sur notre séjour.

Bien amicalement à vous,

Anaïs

d.

Salut ! le 12.5.

Je .... invite toutes les deux à une petite fête samedi prochain chez moi.
Je .... demande d'amener des copains.
Je .... donne .... d'autres détails. Il y aura une surprise ! A samedi !

Je .... embrasse

Catou

B. Avec un verbe au temps composé

37 *Lisez ce dialogue, observez...*

TU ES VRAIMENT BIZARRE !

NICOLAS. — Je **t'** ai attendu**e** pendant une heure ! Qu'est-ce que tu faisais ?

NATACHA. — Chacun son tour ! La dernière fois, c'est moi qui **t'**ai attendu**u** pendant trois-quarts d'heure !

NICOLAS. — Je **t'**ai appelé**e** au bureau, tu n'y étais pas. Je **t'**ai téléphoné chez toi, personne !

NATACHA. — Tu es vraiment bizarre ! Tu ne **m'**as pas téléphoné depuis des semaines, et puis un jour, tout à coup, je **te** manque, tu **me** cherches partout, c'est fou !

... et notez les formes du participe passé :

— attendre Natacha   Je t'ai attendue

— attendre Nicolas   . . . .

— appeler Natacha   . . . .

— téléphoner **à** Natacha   . . . .

— ne pas téléphoner **à** Natacha   . . . .

1. ACCORD OU NON DU PARTICIPE PASSÉ AVEC : **M'**, **T'**, **NOUS**, **VOUS**

a) **Avec un verbe à construction directe : il y a accord**

EXEMPLE : attendre quelqu'un

• Je **t'**ai attendu**e** ! (attendre Natacha)   • Je **t'**ai attendu ! (attendre Nicolas)
     ↓   ↓
  (Natacha)   (Nicolas)

• Les filles, je **vous** ai attendu**es** !   • Les enfants, je **vous** ai attend**us** !
          ↓   ↓
     (les filles)   (les enfants)

b) **Avec un verbe à construction indirecte : il n'y a pas d'accord**

EXEMPLE : téléphoner à quelqu'un

• Je **t'**ai téléphon**é** (téléphoner **à** Natacha)   • Je **t'**ai téléphon**é** (téléphoner **à** Nicolas)
     ↓   ↓
  (Natacha)   (Nicolas)

• Je **vous** ai téléphon**é**
        ↓
(Natacha et Nicolas)

c) **Liste des verbes**

• Verbes à construction directe

EXEMPLE : aimer ⎰ quelque chose
              ⎱ quelqu'un ⟶ l'aimer

abandonner	aider	appeler	balader
accompagner	aimer	attendre	calmer
adorer	apercevoir	avertir	connaître

GRAMMAIRE

consoler	émouvoir	insulter	reconnaître
contempler	emporter	intéresser	regretter
croire	enchanter	inviter	remarquer
découvrir	entendre	perdre	rencontrer
écouter	étonner	prévenir	saluer
embrasser	imaginer	prier	suivre
emmener	informer	ranger	voir
		recevoir	vouloir

● Verbes à construction indirecte

EXEMPLE : parler **à** quelqu'un ⟶ **lui** parler

convenir	manquer	plaire	sourire
faire peur	paraître	rendre visite	téléphoner
faire plaisir	parler	répondre	

● Verbe à double construction (directe et indirecte)

EXEMPLE : annoncer la nouvelle ⟶ **l'**annoncer

annoncer la nouvelle à Julie ⟶ **lui** annoncer la nouvelle

annoncer	dire	mettre	raconter
apporter	donner	montrer	rappeler
avouer	écrire	offrir	répéter
chercher	faire	ouvrir	souhaiter
choisir	jurer	prendre	tendre
conseiller	laisser	prêter	trouver
demander	lire	proposer	

▶ Les verbes proposés ici sont ceux utilisés dans les exercices sur les pronoms. Pour vérifier la construction d'autres verbes, voir le *Dictionnaire des verbes* dans la *Grammaire vivante du français* (Larousse), p. 63 à 82.

2. PLACE DES PRONOMS AVEC UN VERBE AU TEMPS COMPOSÉ :

ne .... **pas**

Il
| me, m', nous |
| te, t', vous |
a   attendu (e)(s)
répondu

38 *Mettez les étiquettes dans l'ordre et écrivez la phrase*

a. | as | | m' | | pas | | tu | | ne | | invité |

....

b. | pas | | reconnus | | vous | | Gilles | | ne | | a |

....

c. | il | | t' | | rien | | a | | ne | | promis |

....

d. | ne | | ont | | ils | | emmenées | | jamais | | nous |

....

39 *Choisissez la bonne réponse comme dans l'exemple (a).*
Si vous hésitez, vérifiez la construction du verbe pages 37 et 38

a. *Cousins, cousines perdus dans la foule !*

Nous vous avons ~~aperçues~~ ~~aperçu~~ aperçus tous les deux.
Nous vous avons appelés appelées appelé
Mais vous ne nous avez pas entendu entendus entendues
Et donc vous ne nous avez pas répondues répondu répondus !
Pourtant, nous vous avons souri souries souris
Et nous vous avons suivis suivies suivi
Mais très vite, nous vous avons perdues perdu perdus.
Quel dommage ! Nous vous avions apportés apporté apportées...
DES CHOCOLATS !

Vos cousines Laure et Gaëlle

b. *Entretien*

Alors, Françoise, ton entretien avec le directeur, comment est-ce que ça s'est passé ?
— Il m'a reçu reçue poliment,
il m'a demandée demandé des explications.
J'ai parlé, il m'a répondue répondu avec calme.
Il ne m'a pas conseillé conseillée de continuer,
il ne m'a pas, non plus, proposé proposée de changement...
Bref, il ne m'a pas aidé aidée à trouver une solution !

40 *Récapitulation. Complétez avec les pronoms qui conviennent:*

Avignon, le 28 décembre 1989

Mon grand fils chéri,

Merci de ta gentille lettre qui............a émus et..........a apporté un peu de ta présence. Ta sœur et son mari n'ont pas pu venir et Noël n'a pas été très gai pour ton père et pour moi. Nous avons quand même fait le réveillon chez nos amis Dufour qui..........ont très gentiment reçus et..........ont offert une soirée sympathique.

Ta sœur..........a téléphoné le jour de Noël, tu..........as écrit une longue lettre, nous sommes des parents gâtés. Nous avons cependant bien regretté votre absence.

Nous..........souhaitons, ton père et moi mille joies pour la nouvelle année, mille succès pour tes examens.

Nous..........embrassons tendrement,

Maman

41 *À vous! Écrivez une lettre à vos grands-parents.*

II. le, la, l', les

42 *Lisez le texte, observez...*

> Mais où est cette lettre ? Je **la** cherche partout et je ne **la** trouve pas !
> — Écoute, elle était tout à l'heure sur ton bureau...
> — Ah oui, **la** voilà ! Je **l'**emporte[1], je **la** montrerai à Doudou.
>
> ▶ 1. *l'* devant un verbe commençant par une voyelle ou un « h » muet.

... puis remplacez **cette lettre** *par* **ce télégramme** (la → le, l' = l')

Mais où est ce télégramme ? ....
....
....
....

... et maintenant, remplacez **ce télégramme** *par* **ces photos** : le, l' → les

Mais où sont ces photos ? ....
....
....
....

43 *Complétez avec* le, la, l', les :

LA NOUVELLE SECRÉTAIRE POSE DES QUESTIONS A SON DIRECTEUR :

a. Monsieur, où est-ce que je mets le courrier ?

— Vous .... déposez dans cette corbeille à droite.

b. Où range-t-on les factures ?

— Vous .... donnez au service financier.

c. Qu'est-ce que je fais de ces documents ?

— Vous .... rangez dans mon coffre.

d. Voici la liste de vos rendez-vous.

— Mes rendez-vous, vous .... notez sur mon agenda, s'il vous plaît.

e. Qu'est-ce que je fais de la vieille machine à écrire?

— Vous . . . . mettez dans votre armoire, pour l'instant!

f. Où faut-il laisser les clés le soir?

— Vous . . . . accrochez au tableau des clés dans le couloir.

44 *Lisez le texte, observez...*

Sophie,
J'ai retrouvé mes clés. Elles étaient au restaurant où nous avons dîné. Heureusement, le maître d'hôtel **les** a trouv**ées** sur la table et **les** a remis**es** au gardien. Je **les** ai récupér**ées** à deux heures du matin! Quelle soirée!

... puis remplacez mes clés *par* mon carnet de chèque (les — l').
Faites l'accord du participe passé

J'ai retrouvé mon carnet de chèques. . . . .
. . . .
. . . .
. . . .
. . . .
. . . .

... et maintenant, remplacez mon carnet de chèque *par* ma carte *d'identité* (l' = l').
Faites l'accord du participe passé.

J'ai retrouvé ma carte d'identité. . . . .
. . . .
. . . .
. . . .
. . . .
. . . .

III. le, la, l', lui, les, leur

45 *Lisez le dialogue, observez...*

Est-ce que tu as vu Florence?
— Oui, je **l'**ai rencontr**é**e hier à la bibliothèque.
— Tu **lui** as parlé de notre projet de week-end?
— Non, tu sais, je **la** connais à peine... Je **lui** ai dit bonjour, c'est tout.
— Bon, alors, je **l'**appellerai ce soir. Bernard sera là, je **leur** demanderai si une partie
de pêche **les** intéresse.

... vous remarquez que Florence *est remplacée par* la *(*l'*) ou* lui
et Florence *et* Bernard *par* les *ou* leur.
Classez-les et donnez la construction du verbe:

— Je **l'**ai rencontrée   — Tu **lui** as parlé?
⟶ rencontrer Florence   ⟶ parler **à** Florence

— ....   — ....
⟶ ....   ⟶ ....

— ....   — ....
⟶ ....   ⟶ ....

— ....
⟶ ....

Remplacez Florence *par* Martin *(la* ⟶ *le,* l' = l', *lui = lui)*
Faites l'accord du participe passé si c'est nécessaire (voir grammaire page 44)...

Est-ce que tu as vu Martin?
....
....
....
....
....
....
....

. . . .

. . . .

... puis remplacez Martin *par* Sylvie et Éric (le ⟶ les, l' ⟶ les lui ⟶ leur)
Faites l'accord du participe passé si c'est nécessaire (voir grammaire page 44)

Est-ce que tu as vu Éric et Sylvie?

. . . .

. . . .

. . . .

. . . .

. . . .

. . . .

. . . .

. . . .

1. LE, LA, L', LES SONT UTILISÉS QUAND LA CONSTRUCTION DU VERBE EST **DIRECTE**.

EXEMPLES : ● Voir quelqu'un.
Hélène, je **l'**ai vue hier.
● Retrouver quelque chose.
Et tes lunettes, est-ce que tu **les** as retrouvées?
● Inviter quelqu'un.
On **l'**a invité mais il n'a pas pu venir.

Dans ce cas, on fait l'accord du participe passé quand le verbe est au passé composé.

Voir la liste des verbes pages 37 et 38.

2. LUI, LEUR SONT UTILISÉS QUAND LA CONSTRUCTION DU VERBE EST **VERBE + À** :

EXEMPLES : ● Parler à quelqu'un.
Les deux directeurs étaient là; on **leur** a parlé franchement.
● Apporter quelque chose à quelqu'un.
Tu es allé voir ta tante? Qu'est-ce que tu **lui** as apporté?

Dans ce cas, on ne fait pas l'accord du participe passé quand le verbe est au passé composé.

Voir la liste des verbes pages 37 et 38.

GRAMMAIRE

46 *Complétez avec* le, la, l', lui + *verbe.*
Observez bien la construction du verbe de la première phrase.
Faites l'accord du participe passé si c'est nécessaire.

a. Est-ce que tu as écrit à ta grand-mère?

— Pas encore, je . . . . demain.

b. Il faut appeler ta mère.

— D'accord, je . . . . tout de suite.

c. Vous connaissez Madame Lebrun?

— Non, je ne . . . . du tout.

d. Est-ce que ce jeu plaira à votre enfant?

— Je crois que ça . . . . beaucoup.

e. Mon fils adore votre fille!

— Tous les garçons . . . . !

f. Tu as laissé Véronique à la maison?

— Je ne . . . . seule: elle est avec ses grands cousins.

47 *Complétez les mini-dialogues suivants*
avec les verbes proposés comme dans l'exemple (a)

a. Pénélope n'est pas là?

— Non.

— Si tu la vois, tu lui demanderas si elle est libre dimanche.   voir
                                                                        demander si...

b. Tu connais Marc?

— Un peu.

— Alors si tu . . . .   inviter
                                                                         faire plaisir
. . . .

c. Il y a longtemps que je n'ai pas vu Christophe.

— Moi non plus.

— Si vous . . . .   rencontrer
                                                                         dire que
. . . .

d. Qui a écrit ça?

— C'est Mlle Longane.

— Si vous ....   connaître
                                                                    conseiller de...
....

e. Vous avez vu la dessinatrice?

— Non.

— Si vous ....   voir
                                                                    montrer...
....

f. Ta grand-mère n'est pas là?

— Non, elle est en vacances.

— Si tu ....   appeler
                                                                   raconter...
....

48 *Complétez avec* **les, leur** + *verbe comme dans l'exemple (a).*
Observez bien la construction du verbe dans la première phrase.
Faites l'accord du participe passé si c'est nécessaire.

a. Vous devez écrire à vos parents!

— Mais on leur a déjà écrit!

b. Il faut avertir les voisins.

— Oui, on ....

c. Il faut téléphoner à tes cousins.

— Mais, je ....

d. Est-ce que vous avez prévenu vos amis?

— Bien sûr, nous ....

e. Il faut raconter ça aux enfants!

— Je ....

f. Vous allez informer les journalistes?

— Nous ....

49 *Complétez avec les ou leur.*
Si vous hésitez, vérifiez la construction du verbe dans grammaire pages 37, 38.

Mes cousins sont là depuis deux jours, je . . . . accompagne partout!

— Qu'est-ce que tu . . . . montres? Qu'est-ce qui . . . . intéresse le plus?

— Le Paris moderne surtout. Je . . . . balade[1] de l'Arche de la Défense à l'Opéra de la Bastille, de Beaubourg à la tour Montparnasse.

— Et qu'est-ce qu'ils disent?

— Certaines choses . . . . étonnent, d'autres . . . . plaisent beaucoup ou . . . . paraissent complètement folles. Ça dépend!

1. *balader quelqu'un* (familier): emmener quelqu'un en promenade, en visite.

50 *Récapitulation. Regroupez les deux parties de phrase qui vont ensemble. Écrivez les phrases reconstituées:*

Je ne l' •   • rappelle pas. J'attends qu'il m'appelle!

Je ne leur •   • invite pas; ils sont en vacances.

Je ne lui •   • téléphone pas à la maison, il déteste ça!

Moi, je ne la •   • dirai rien; elles sont trop bavardes!

Je ne les •   • aide pas: elle fait ses devoirs toute seule.

Je ne le •   • raccompagne pas chez elle.

a. . . . .

b. . . . .

c. . . . .

d. . . . .

e. . . . .

f. . . . .

Complétez avec les pronoms qui conviennent.

J'AI RATÉ MON BAC

Mamie? Bonjour. Je . . . . appelle pour . . . . dire que j'ai raté mon bac!

— Eh bien, ma petite fille, c'est une mauvaise nouvelle! Tu . . . . as annoncée à ta mère?

— Pas encore, je . . . . dirai ça ce soir.

— Et est-ce que tu as téléphoné à ton père?

— Oui, mais il n'était pas là. Je . . . . rappellerai tout à l'heure.

— Tu as vu ton professeur principal?

— Je . . . . ai vu deux minutes, il . . . . reçoit demain. Il . . . . a dit que mon échec ne . . . . faisait pas plaisir!

— Évidemment! Tu . . . . demanderas conseil pour l'année prochaine. Allez, je . . . . fais de grosses bises. J'appellerai tes parents ce soir et je . . . . parlerai pour . . . . calmer un peu!

— Merci mamie et tu . . . . appelles ce soir, hein? N'oublie pas!

— Non, non, je . . . . appelle vers 7 heures. C'est promis! Je . . . . embrasse.

IV. Les pronoms compléments d'objet avec un verbe à l'impératif

A. À la forme affirmative

51 *Lisez le dialogue, observez...*

CONSIGNES À LA NOUVELLE JEUNE FILLE AU PAIR [1]

Quand les enfants rentrent de l'école à 4 heures, ils ont très faim. Faites-**leur** un sandwich au fromage...
— Même à petit Pierre?
— Non, à lui, donnez-**lui** plutôt un yaourt et une pomme mais surtout coupez-**la** en petits morceaux.
— Et qu'est-ce qu'ils boivent?
— Du lait. Sortez-**le** un peu avant du frigo [2] sinon il est trop froid ou alors réchauffez-**le** légèrement.
— Et après le goûter?
— Ils vont dans leur chambre: laissez-**les**, ils jouent tranquillement un bon moment.
— Ils n'ont pas de devoirs?
— Marielle seulement: si elle a des maths à faire, aidez-**la**; elle a du mal...

1. *jeune fille au pair*: en général, jeune étudiante qu'on loge à la maison et qui garde les enfants quelques heures par jour.
2. *frigo*: réfrigérateur.

... et complétez le tableau ci-dessous :

PHRASES DU TEXTE	CONSTRUCTION VERBALE CORRESPONDANTE
a. Faites-**leur** un sandwich	faire un sandwich **aux enfants**
b.	
c.	
d.	
e.	
f.	
g.	

52 Lisez les deux dialogues, observez...

> a. On peut parler deux minutes ?
> — Non, je suis pressé(e), tu **me** téléphones à la maison. D'accord ?
> — Bon, à quelle heure ?
> — Eh bien, téléphone-**moi** vers 8 heures et demie.
>
> b. Je n'arrive pas à faire mes exercices. Tu **m'**aides ?
> — Ah non ! Tu fais tes exercices tout seul !
> — Oh, s'il te plaît, aide-**moi** !

... vous remarquez que :

— Tu **me** téléphones ⟶ ....!

— Tu **m'**aides? ⟶ ....!

... et maintenant, complétez comme dans l'exemple (a) :

a. Je te parle. Réponds-**moi** !   répondre

b. Je vous dis la vérité. ....!   croire

c. Je t'ai dit que j'étais fatigué(e). ....   laisser

d. Enfin, tu vois bien que je n'arrive pas à tout faire !

....   aider *e.* Qu'est-ce que je dois faire? Tu as une idée? ....

.... conseiller

f. Cessez de faire du bruit! .... écouter

g. Je te conduis .... suivre

h. Je vous ai fait attendre, ... excuser

53 *Reprenez les mêmes exemples*
mais remplacez «je» par «nous» comme dans l'exemple (a):

a. Nous te parlons. Réponds-**nous**.

b. ....

c. ....

d. ....

e. ....

f. ....

g. ....

h. ....

54 *Lisez les deux dialogues, observez...*

a. Maintenant, tu **t'**arrêtes!
— Mais non...
— Arrête-**toi**, j'ai dit!

b. Tu dis que tu es fatigué(e) mais est-ce que tu **te** soignes?
— Non!
— Eh bien alors soigne-**toi**! Va voir un médecin!

... vous remarquez que:

— Tu **t'**arrêtes ⟶ ....!

— Tu **te** soignes ⟶ ....!

▶ Cette forme de l'impératif n'apparaît qu'avec des verbes pronominaux: s'arrêter, se soigner.

... et maintenant complétez les phrases comme dans l'exemple (a) avec les verbes: se pousser, se dépêcher, s'asseoir, se souvenir, se servir.

a. Tu ne vas pas faire un scandale! Calme-**toi**!

b. Tu es en retard, ...!

c. Quand as-tu utilisé ton passeport pour la dernière fois? ....!

d. Prends ce que tu veux: ....!

e. Tu prends toute la place: ....!

f. Tiens, prends une chaise: ....!

55 *Reprenez les mêmes exemples mais remplacez «tu» par «vous» comme dans l'exemple (a):*

a. Vous n'allez pas faire un scandale! Calmez-**vous**!

b. ....

c. ....

d. ....

e. ....

f. ....

B. À la forme négative

56 *Lisez les exemples, observez...*

ON VOUS DONNE DES ORDRES CONTRADICTOIRES!

Réponds-**lui**!	Ne **lui** réponds pas!
Prends-**le**!	Ne **le** prends pas!
Laisse-**la**!	Ne **la** laisse pas!
Jetez-**les**!	Ne **les** jetez pas!
Réveille-**moi**!	Ne **me** réveille pas!
Téléphonez-**nous**!	Ne **nous** téléphonez pas!
Montre-**leur** les photos!	Ne **leur** montre pas les photos!
Lève-**toi**!	Ne **te** lève pas!
Inscrivez-**vous**!	Ne **vous** inscrivez pas!

... et classez les pronoms :

IDENTIQUES		DIFFÉRENTS	
à la forme affirmative	à la forme négative	à la forme affirmative	à la forme négative
lui	lui	moi	me
. . . .	. . . .	. . . .	. . . .
. . . .	. . . .		
. . . .	. . . .		
. . . .	. . . .		
. . . .	. . . .		
. . . .	. . . .		

▶ **m'**, **t'**, **l'** devant un verbe à la forme négative qui commence par une voyelle ou un « *h* » muet :

Écrivez-**moi** !	Ne **m'**écrivez pas !
Arrête-**toi** !	Ne **t'**arrête pas !
Appelez-**la** !	Ne **l'**appelez pas !
Écoute-**le** !	Ne **l'**écoute pas !

57 *Dites le contraire :*

a. Aide-la !   ⟶   Ne. . . . .

b. Ne lui donnez pas
mon numéro de téléphone !   . . . .

c. Lis-le !   . . . .

d. Ne les écoute pas !   . . . .

e. Pressez-vous !   . . . .

f. Raconte-moi la fin du roman !   . . . .

g. Écris-leur !   . . . .

h. Appelle-moi au bureau !   . . . .

i. Mets-toi au soleil !   . . . .

j. Ne te sers pas tout seul !   . . . .

k. Parle-lui !   . . . .

l. Attendez-nous !   . . . .

m. Ne l'écoute pas !   . . . .

n. Prévenez-la !   . . . .

o. Occupe-toi de ça !   . . . .

p. Retourne-toi! ....

q. Fais-le! ....

r. Mange-les! ....

s. Ne le prévenez pas! ....

t. Ne te marie pas! ....

58 *Récapitulation. Complétez avec les pronoms qui conviennent.*
Si vous hésitez, vérifiez la construction du verbe page 37 et 38.

PIERROT ET COLOMBINE

    Pierrot et Colombine ont grandi ensemble dans le même village. On .... voyait tous les jours sur le chemin de l'école. Il .... tenait la main, il .... offrait des bonbons. Les jours de vacances, il .... emmenait faire une promenade en barque près de la grande ferme. Il .... regardait avec tendresse, son regard disait: «Je ....aime Colombine, je .... aimerai toujours.» Elle ne .... répondait pas mais elle .... écoutait avec bonheur. Le village entier disait: «Il .... épousera, c'est sûr, ils se marieront.»

    Mais un jour, la vie .... a séparés. Colombine n'a plus voulu voir Pierrot. Elle .... a expliqué qu'il .... faisait peur car il ressemblait à la nuit; en effet, il était boulanger et il travaillait quand le village dormait. Elle ....imaginait toujours avec un visage rond et pâle comme la lune. Elle, Colombine, aimait le soleil et la chaleur! Elle aimait l'été, il préférait l'hiver!

Et un jour, un étranger arrive au village. Colombine aussitôt . . . . remarque avec son habit aux mille couleurs. Il s'appelle Arlequin, il est gai et il chante du matin au soir. Quand il aperçoit Colombine, il . . . . salue et . . . . parle; elle . . . . salue et . . . . répond. Il . . . . propose de partir au pays des mille soleils; elle . . . . croit et . . . . . . .suit.

Depuis que Colombine est partie, Pierrot est malheureux. Elle . . . . manque beaucoup. Il . . . . appelle et . . . . cherche. Il reste des heures dans le noir avec une chandelle et une plume et écrit des lettres qu'il . . . . envoie. Il . . . . dit qu'elle . . . . manque et il . . . . promet que si elle revient, il ne travaillera plus la nuit. Ses lettres, Colombine . . . . reçoit, elle . . . . ouvre avec joie et . . . . lit:

«Colombine!
Ne . . . . abandonne pas! Ne . . . . oublie pas! Ne . . . . laisse pas seul! Souviens-. . . . . . . de nos promenades en barque! Ce marchand de soleil[1], oublie-. . . . . . .! Bientôt, ce sera l'hiver, et tu auras besoin de chaleur. Tu sais que près de mon four[2] il fait chaud, alors reviens vite. Écris-. . . . . . ., s'il-. . . . . . .-plaît.
Je . . . . . . .aime et je . . . . . . .attends.»

Quand l'hiver est arrivé Colombine a pensé à Pierrot. Elle . . . . a écrit, elle . . . . a demandé pardon. Elle . . . . . . .a prié d'oublier le passé. Une nuit elle est revenue. Il . . . . a ouvert la porte. Il . . . . a tendu les bras et ils se sont assis près du feu. Alors, ils ont entendu une voix qui chantait tristement:

Au clair de la lune
Mon ami Pierrot
Prête-. . . . . . . ta plume
Pour écrire un mot.
Ma chandelle est morte,
Je n'ai plus de feu
Ouvre-. . . . . . . ta' porte
Pour l'amour de Dieu!

C'était Arlequin.

D'après Michel Tournier,
Les sept contes, «Pierrot ou les secrets de la nuit»,
Folio Junior, 1979.

1. c'est-à-dire Arlequin.
2. *four*: endroit où le boulanger fait cuire le pain.

V. Le pronom *en* partitif

A. *En* avec un verbe au temps simple

59 *Lisez ce dialogue et observez l'emploi de* en...

PRÉPARATIFS DE VACANCES

NICOLAS. — Dis donc, tu prends des cravates?

RAPHAËL. — Bien sûr j'**en** prends!

NICOLAS. — Tu **en** prends combien?

RAPHAËL. — J'**en** prends **deux ou trois**, au cas où...

NICOLAS. — Et de la crème à raser, tu **en** prends?

RAPHAËL. — J'**en** prends **un peu** et ensuite j'**en** achèterai sur place.

NICOLAS. — Alors tu emportes un rasoir?

RAPHAËL. — Évidemment j'**en** emporte **un**!

NICOLAS. — Et tu prends du shampooing aussi?

RAPHAËL. — Oui, j'**en** ai **un flacon** dans ma trousse.

NICOLAS. — Et bien moi, je vais passer trois semaines de vie sauvage. Des cravates, je **n'en** prends **aucune**; de la crème à raser, je **n'en** emporte **pas**, et du shampooing, j'ai oublié d'**en** acheter! Je veux passer des vacances à la Robinson Crusoë: je ne m'habille pas, je ne me lave pas, je ne me rase pas!

... et répondez aux questions comme dans l'exemple (a):

a. Est-ce que Raphaël prend des cravates?   Oui, il en prend.

b. Combien en prend-il? ....

c. Est-ce que Raphaël emporte de la crème à raser? ....

d. Nicolas emporte-t-il du shampooing? ....

e. Est-ce que Raphaël emporte un rasoir? ....

f. Nicolas emporte-t-il de la crème à raser? ....

60 *Utilisez le pronom* en *dans vos réponses comme dans l'exemple (a):*

QUEL GENRE DE VACANCIER ÊTES-VOUS?

a. Prenez-vous souvent des vacances?

— Oui, j'en prends deux ou trois fois par an.

b. Emportez-vous des livres dans vos bagages?

— ....

c. Achetez-vous des médicaments avant de partir?

— ....

d. Combien de paires de chaussures emportez-vous?

— ....

e. Avez-vous toujours un guide des bons restaurants avec vous?

— ....

f. Emportez-vous toujours trop d'affaires?

— ....

EMPLOI DE **EN** AVEC L'EXPRESSION DE LA QUANTITÉ:

	QUANTITÉ NON PRÉCISÉE	QUANTITÉ ZÉRO
Tu as du shampooing?	— Oui, j'**en** ai.	

	QUANTITÉ PRÉCISÉE	
Tu as du shampooing?	— Oui, j'**en** ai **deux flacons**.	Je n'**en** ai **pas**.
Et de la crème à raser, tu en as?	— Oui, j'**en** ai **une bombe**.	
Tu as de l'argent liquide?	— Oui, j'**en** ai **un peu**.	

Des cravates, tu en prends combien?	— J'**en** prends **deux ou trois**.	Je n'**en** prends **pas** / **aucun(e)**[1]
Tu prends un pull?	— J'**en** prends **un**.	
Tu prends quelques cassettes?	— J'**en** prends **quelques-unes**.	
Tu prends des livres?	— J'**en** prends **quelques-uns**.	

GRAMMAIRE

▶1. *aucun(e)* sert à renforcer la quantité zéro pour des objets séparés (que l'on peut compter).

B. *En* avec un verbe au temps composé

61 *Lisez cette information publiée dans un journal local...*

ARBRE DE NOËL À LA MAIRIE

Hier mercredi Monsieur le Maire a invité plus d'une centaine d'enfants à l'occasion de la fête de Noël. Les jeunes enfants ont eu la joie de regarder un spectacle de clowns ; puis ils ont eu un magnifique goûter avec de la bûche au chocolat et en fin d'après-midi il y a eu une distribution de cadeaux. Ils ont pu faire des photos avec le Père Noël sous le grand sapin. Quel bel après-midi ! Merci Monsieur le Maire.

... et répondez aux questions comme dans l'exemple (a) :

AVEZ-VOUS BIEN LU ?

a. Le maire a-t-il invité beaucoup d'enfants ?
— Oui, il en a invité plus de cent. ☒
— Non, il n'en a pas invité beaucoup, une cinquantaine. ☐

b. Les enfants ont-ils mangé du gâteau ?
— Oui, ils en ont mangé ; c'était de la bûche. ☐
— Non, ils n'en ont pas mangé, il n'y en avait pas. ☐

c. Les enfants ont-ils fait un spectacle ?
— Oui, ils en ont fait un ; ils ont chanté des chants de Noël. ☐
— Non, ils n'en ont pas fait ; les clowns en ont fait un. ☐

d. Les enfants ont-ils pris des photos ?
— Oui, ils en ont pris avec le Père Noël. ☐
— Non, ils n'en ont pas pris et c'est dommage. ☐

... et maintenant reprenez les phrases de l'exercice 61 «Avez-vous bien lu?» et remplissez le tableau comme dans les exemples (a) et (a'). Notez bien la place de chaque élément.

	SUJET	NÉGATION	PRONOM	AVOIR	NÉGATION	PARTICIPE PASSÉ	QUANTITATIF
a	Il		en	a		invité	plus de cent
a'	Il	n'	en	a	pas	invité	beaucoup
b							
b'							
c							
c'							
d							
d'							

GRAMMAIRE

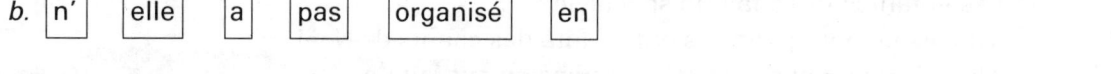

1. PLACE DE **EN** AVEC UN VERBE COMPOSÉ

    n' .... pas

Ils : | en | | ont | : mangé

Ils : | en | | ont | : pris | beaucoup

2. PAS D'ACCORD DU PARTICIPE PASSÉ AVEC **EN**

Ils ont pris des photos. ⟶ Ils en ont pr**is**.

62 *Mettez les étiquettes dans l'ordre et écrivez la phrase trouvée :*

a. | en | | a | | enfant | | un | | chaque | | à | | distribué | | il |

....

b. | n' | | elle | | a | | pas | | organisé | | en |

....

c. | beaucoup | | ont | | pris | | ils | | en |

....

d. | reçu | | ils | | en | | n' | | pas | | ont |

....

e. | trois | | en | | ils | | ont | | chanté |

....

f. | y | | n' | | eu | | en | | a | | pas | | il |

....

C. *En* avec un verbe à l'impératif

63 *Complétez les phrases ou mini-dialogues avec les verbes proposés comme dans l'exemple (a).*

▶ *Mettez un «s» à l'impératif singulier, pour la liaison.*
EXEMPLE : *Achètes-en deux. (voir Grammaire page 89)*

a. Est-ce que vous connaissez des auteurs du XIXᵉ ?
— Oui, bien sûr !
— Citez-en deux ou trois.   citer

b. Ta tarte est vraiment délicieuse ! chapeau[1] !
— .... si tu la trouves bonne !   reprendre

c. Bon, alors, pour demain, vous chercherez des exemples.
— Combien ?
— .... un pour chaque mot nouveau.   chercher

d. Ne dépense pas tout ton argent maintenant. Bientôt,
c'est Noël, ... un peu pour acheter
des cadeaux !   garder

e. Non, tu exagères ! Ne finis pas la mousse au chocolat !
.... pour les autres !   laisser

▶ 1. *chapeau !* (familier) : bravo.

I. ne... pas, ne... plus, ne... jamais

64 *Observez la place de la négation*

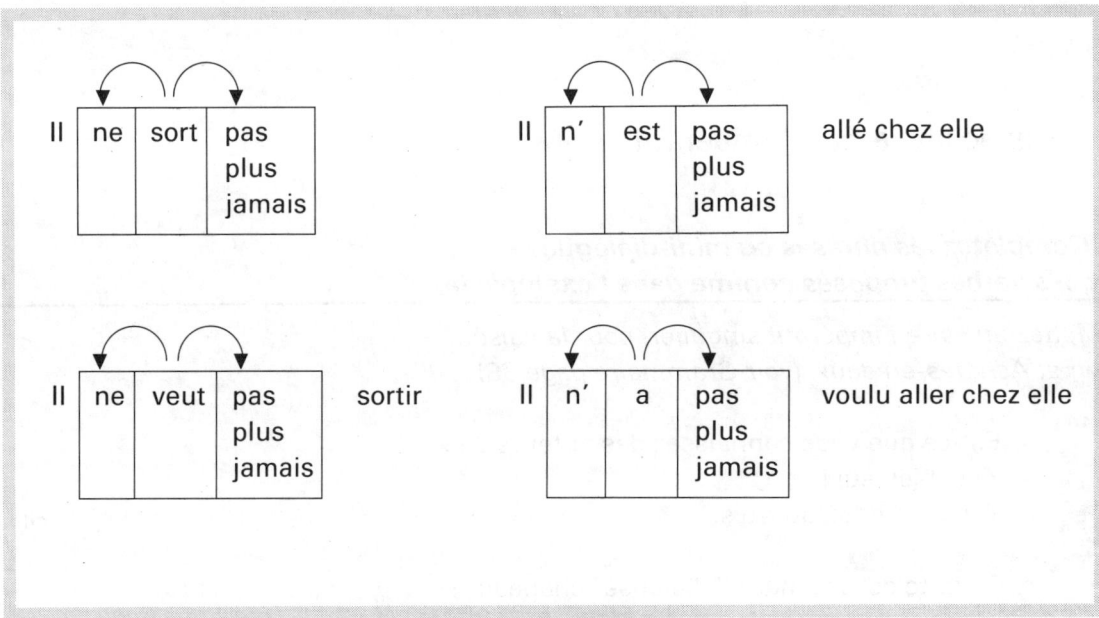

A. Ne... pas

65 *Répondez systématiquement: «Non...» comme dans l'exemple (a).*
Vérifiez la place de la négation dans le tableau ci-dessus.

AH, CES ENFANTS QUI RÉPONDENT TOUJOURS NON!

a. Tu iras chez ta grand-mère.
— Non, je n'irai pas!

b. Il fait froid aujourd'hui, mets ton manteau.
— Non, il ...., je ....

c. Attention, tu vas tomber !

— Non, je ....

d. Tu as compris, oui ou non ?

— Non, je ....

e. Dis bonjour au monsieur.

— Non, ...

f. Tu dois obéir !

— Non, ...

g. Maintenant, tu vas te coucher.

— Non, ...

h. Tu as promis de bien travailler !

— Non, ...

i. Tu seras sage, hein ?

— Non, ...

j. Comme tu es mignonne !

— Non, ...

66 *Complétez le texte avec les verbes proposés à la forme négative et au temps indiqué :*

MA SŒUR, LE MATIN !

Quand elle se lève, il .... la bousculer !	falloir (présent)
Elle dit qu'elle ...., qu'elle	dormir (passé composé)
................, qu'elle ....,	avoir faim — être en forme (présent)
qu'elle .... à son cours, etc.	vouloir aller (présent)
Il ...., tant qu'elle	falloir s'inquiéter (présent)
.... sa douche,	prendre (passé composé)
c'est comme ça ; après ça va mieux !	

B. Ne... plus

67 *Complétez avec les éléments proposés :*

a. *La vie est trop difficile, j'en ai assez !*

• Prendre le métro
• Travailler à l'usine
• Vivre à Paris

Je ne veux plus me lever à 6 heures du matin,

je ....

je ....

Ça suffit comme ça, je ....

Je retourne dans mon petit village en Corse !

b. *Transformé par le mariage !*

• Fumer
• Sortir
• Être aussi nerveux

Depuis qu'il est marié avec Delphine, mon frère a beaucoup changé :

il ....

il ....

il ....

Quelle transformation !

c. *Annonce d'un départ aux voisins*

• Être ici
• Pouvoir jouer ensemble
• Se voir

L'année prochaine,

nous ...., nous

partons à l'étranger.

— Alors, les enfants ....

................., on ....,

vous allez nous manquer !

C. Ne... jamais

68 *Utilisez* ne... jamais *comme dans l'exemple (a) :*
variez le sujet du verbe (je, tu, il, on, nous, ma grand-mère, etc.)

PRÉVISION PESSIMISTE

a. Répondre

b. Pouvoir vivre seul(e)

Il ne répondra jamais !

....

c. Comprendre ....

d. Savoir prendre une décision ....

e. Réussir ....

f. Revenir ....

69 *Faites des mini-dialogues avec les éléments proposés comme dans l'exemple (a) :*

RÉACTION NÉGATIVE / JUSTIFICATION

a. Pourquoi as-tu dit ça ?

    — Mais, je n'ai jamais dit ça !   dire ça

b. ....   mentir

....

c. ....   utiliser mon appareil photo

....

d. ....   refuser d'aider mamie

....

e. ....   revoir Bernard

....

f. ....   promettre de l'inviter

....

g. ....   toucher à mes affaires

....

70 *Complétez avec les verbes proposés*
à la forme négative ne... jamais *et au temps indiqué :*

REPROCHES D'UN ADOLESCENT À SES PARENTS

«Nous ....,   sortir (présent)

....

nous ....   aller (présent)

.... au cinéma,

vous ....   vouloir m'accompagner (présent)

.... à la piscine,

nous ....   aller (passé composé)

.... dans un parc d'attraction.

Vous ....   être disponibles (présent)

.... C'est énervant à la fin !

D. Ne... plus jamais / jamais plus

71 *Utilisez les éléments proposés au futur avec* plus jamais *ou* jamais plus *comme dans l'exemple (a); variez le sujet quand c'est possible:*

PROMESSE / MENACE

a. Aller chez lui   ⟶   Je n'irai jamais plus chez lui !

                                  ou

                          Je n'irai plus jamais chez lui !

b. L'inviter   ....

c. Reprendre le bateau   ....

d. Vouloir repartir   ....

e. Recommencer   ....

f. Vous ennuyer   ....

g. Le faire   ....

h. T'aider   ....

i. Partir avec eux   ....

j. Revenir   ....

II. ne pas, ne plus, ne jamais, sans + infinitif

72 *Utilisez une des trois formes négatives avec les éléments proposés:*

SOUHAIT

On dit en s'exclamant: Ah ! Ne | pas / plus / jamais | travailler !

a. S'inquiéter   Ah ! Ne ....

b. Aller en classe   ....

c. Être malade   ....

d. Penser au lendemain   ....

e. Se disputer   ....

f. Avoir peur   ....

73 *Transformez les phrases proposées comme dans l'exemple (a) :*

DIRE DE NE PAS / PLUS / JAMAIS

a. Ne vous inquiétez pas !

Il a dit de ne pas s'inquiéter.

b. Il ne se fâchera plus.

Il a promis ....

c. Ne restez pas ici !

On nous demande ....

d. Ne refusez pas !

Elle m'a conseillé ....

e. Je ne quitterai jamais ma famille !

Elle a juré ....

f. Demain matin, ne réveillez pas Fabrice.

On nous a demandé ....

74 *Complétez avec le verbe de votre choix :*

EST-CE QUE VOUS FAITES DES CHOSES PAREILLES ?

EXEMPLES : Entrer sans frapper.
            Sortir sans dire au revoir.

a. Traverser la rue ....

b. Parler ....

c. Quitter l'hôtel ....

d. Lire ....

e. Se mettre à table ....

f. Arriver ....

g. Partir ....

h. Répondre ....

i. Manger ....

j. Ecouter ....

I. Conjugaison des verbes *être, avoir, aller, faire*

75 *Lisez les trois dialogues, observez les verbes et donnez leur infinitif. Si vous avez des difficultés, regardez les conjugaisons (exercice 76).*

QUI ÊTES-VOUS? QUE FAITES-VOUS?

a. Bonjour! Yvan Lefellec; je **suis** étudiant en droit. . . . .

— Laurent Coulet. Tu **es** parisien? . . . .

— Pas exactement. Mon père **est** breton, ma mère . . . .

est alsacienne mais nous **sommes** parisiens . . . . / . . . .

d'adoption. Il y **a** vingt ans que nous habitons à . . . .

Paris.

— Tu **vas** en Bretagne pendant les vacances? . . . .

— J'y **vais** l'été; là-bas, j'**ai** un petit bateau, je . . . . / . . . .

fais de la voile avec des copains. Mes parents, eux, ...

vont dans le midi parce qu'il y **fait** plus chaud! . . . . / . . . .

Et toi, qu'est-ce que tu **fais** comme sport? . . . .

— Oh, moi, je ne **suis** pas du tout sportif! . . . .

b. Vous voyez la fille en bleu, c'**est** Corinne. . . . .

Nous **faisons** du squash[1] ensemble. . . . .

— Vous **êtes** dans le même lycée? . . . .

— Oui, nous **allons** toutes les deux au lycée Pasteur . . . .

mais nous ne **sommes** pas dans la même classe. . . . .

— Et les deux garçons?

— Ce **sont** des copains: Charles et Nicolas. Ils **font** . . . . / . . . .

aussi du squash dans notre club. . . . .

— Vous y **allez**, là? . . . .

— Oui, nous **avons** un match à 5 heures. . . . .

1. *squash*: jeu qui ressemble au tennis: il se joue sur une petite surface contre un mur.

c. Allo, Fanny? Qu'est-ce que vous **faites** ce week-
end? ....

— On **va** à la campagne, en Normandie, chez mon
oncle. ....

— Vous **avez** de la chance! Nous nous restons à
Paris: les enfants **ont** la grippe. ....
....

— C'**est** bête[1]! Ah! j'y pense... Tu **as** des nouvelles de
Stéphanie et Cédric? .... / ....

— Oui, justement, ils **sont** à Paris pour quelques
jours. Ils **vont** très bien. ....
....

1. *C'est bête* (familier): c'est idiot, ennuyeux.

76 *Apprenez...*

ÊTRE

nous	SOMMES	je	SUIS
vous	ÊTES	tu	ES
		il	
		elle	EST
		on	
		c'	
		ils	
		elles	SONT
		ce	

AVOIR

nous	AVONS	j'	AI
vous	AVEZ	tu	AS
		il	
		elle	A
		on	
		ils	
		elles	ONT

ALLER

nous	ALLONS	je	VAIS
vous	ALLEZ	tu	VAS
		il	
		elle	VA
		on	
		ils	
		elles	VONT

FAIRE

nous	FAISONS[1]	je	FAIS
vous	FAITES	tu	FAIS
		il	
		elle	FAIT
		on	
		ils	
		elles	FONT

► 1. «ai» prononcé [ə] comme dans «petit»

*... et réunissez les étiquettes deux à deux
pour faire une phrase comme dans l'exemple (a) :*

font du droit

vas à la piscine le samedi ?

ne fait pas beau

a l'accent du Midi

Vous

Il

ne sont pas françaises

va à la fac [1] à Dijon

Maha et Jenny

vais au cinéma tous les lundis

n'allez jamais au bord de la mer ?

Je

Vous

sommes bourguignons

Julie

Les garçons

ma mère

Tu

êtes lyonnais ?

Élisa et moi

1. *fac* (langage étudiant) : faculté.

a. Élisa et moi sommes bourguignons.

b. ....

c. ....

d. ....

e. ....

f. ....

g. ....

h. ....

i. ....

j. ....

77 *Complétez avec* être, avoir, aller *et* faire:

MINI-PORTRAITS

a. Isabelle .... vingt ans. Elle .... étudiante à la Faculté des Lettres d'Aix. Elle .... grande, elle .... les cheveux blonds. Elle .... sympa[1] mais elle .... un défaut: elle .... toujours raison! Elle .... une passion pour le théâtre et elle y .... une fois par mois. Elle .... aussi du piano et du chant. Elle déteste le sport, elle n'en .... pas du tout.

b. Jacques et Christine .... inséparables. Ils .... marseillais. Ils .... une petite librairie au centre de Marseille. Le matin, ils .... toujours en retard! Dans le quartier, tout le monde les aiment car ils .... le cœur sur la main[2]; oui, ils .... vraiment généreux: ils .... plaisir à tout le monde. Et puis, ils .... vraiment très drôles: ils .... des blagues[3] du matin au soir. Ils .... une passion: la pêche à la ligne; ils y .... tous les dimanches.

c. Nous .... franc-comtois. Nous .... la chance d'habiter un joli petit village de Franche-Comté. Maintenant, nous .... presque l'âge de la retraite. Nous .... une grande ferme à la campagne. Deux fois par semaine, nous .... à la ville au marché pour vendre les produits de la ferme, plus particulièrement notre fromage car nous le .... nous-mêmes.

d. «J'en .... assez de vous: vous .... soif, vous .... faim, vous .... mal à la tête ou vous .... mal aux dents! Vous .... trop chaud ou vous .... froid! Vous n'........... jamais bien! Vous .... des enfants insupportables!»

e. Il .... français. Il .... très connu des amateurs de football. Il .... des cheveux bruns. Il .... très souvent au stade parce qu'il .... tous les jours du foot. C'........... un grand champion. Qui .... il?

1. *sympa*: sympathique.
2. *avoir le cœur sur la main*: être prêt à aider tout le monde.
3. *faire des blagues*: plaisanter.

f.

Lille, le 10 septembre 1988

Cher Roberto,

Je .... français, je originaire du nord de la France. J' .... une grande famille, nous .... six frères et soeurs. J' .... treize ans. Je assez grand. J' .... des cheveux bruns. Je .... plutôt bon élève. Le dimanche je .... du foot, j'adore le football ! J'aime aussi la musique, je .... de la guitare. Mon frère aîné .... une moto, c' .... super[1], je .... souvent avec lui ! Et toi, qui .... -tu ? Tout ce que je sais, c' .... que tu .... italien et que tu habites à Milan, ... -ce que tu des frères ? .... -ce que tu du sport ? Où .... -tu en vacances ? Écris-moi vite.

A bientôt

Tristan

---

1. *super* (familier) : formidable, extraordinaire.

II. Verbes réguliers en -er

A. Type *aimer*

78 *Apprenez...*

AIMER

nous	AIM -ons	j'	AIM -e
vous	AIM -ez	tu	AIM -es
		il elle on	AIM -e
		ils elles	AIM -ent

Autres verbes :
parler, créer,
penser, continuer,
étudier, remercier,
etc.

... et complétez :

parler : nous parlons

donner : vous ....

arriver : ils ....

travailler : nous ....

étudier : vous ....

crier : je ....

rêver : tu ....

continuer : elles ....

habiter : elle ....

remercier : il ....

B. Cas des verbes *appeler, jeter, acheter, préférer* : remarques orthographiques

79 *Apprenez...*

APPELER

nous	APPEL -ons	j'	APPELL -e
vous	APPEL -ez	tu	APPELL -es
		il elle on	APPELL -e
		ils elles	APPELL -ent

Autres verbes :
renouveler, épeler, étinceler.

JETER

nous	JET -ons	je	JETT -e
vous	JET -ez	tu	JETT -es
		il elle on	JETT -e
		ils elles	JETT -ent

Autres verbes :
rejeter, feuilleter.

► Devant la double consonne («ll» ou «tt»), le «e» se prononce [ɛ] comme dans «belle» ou «père».

ACHETER

nous	ACHET -ons	j'	ACHÈT -e
vous	ACHET -ez	tu	ACHÈT -es
		il	
		elle }	ACHÈT -e
		on	
		ils }	ACHÈT -ent
		elles	

Autres verbes: (se) lever, enlever, mener, emmener, amener, peser, etc.

PRÉFÉRER

nous	PRÉFÉR -ons	je	PRÉFÈR -e
vous	PRÉFÉR -ez	tu	PRÉFÈR -es
		il	
		elle }	PRÉFÈR -e
		on	
		ils }	PRÉFÈR -ent
		elles	

Autres verbes: espérer, compléter, répéter, libérer, considérer, etc.

... et mettez les verbes à la forme qui convient.

a. Nous .... aller au cinéma.   préférer

b. Tu .... l'argent par les fenêtres [1] !   jeter

c. Vous .... une nouvelle voiture?   acheter

d. Elle .... toujours la même chose.   répéter

e. Ils .... leur collection.   compléter

f. ....-vous qu'il a tort?   considérer

g. On l' .... Lili.   appeler

h. Tu .... ma proposition?   rejeter

i. .... votre nom, s'il vous plaît.   épeler

j. On .... notre demande.   renouveler

k. Je vous .... au restaurant.   emmener

l. Vous .... à quelle heure?   se lever

1. *jeter l'argent par les fenêtres*: dépenser sans compter.

C. Cas des verbes *manger, avancer, envoyer*: remarques orthographiques

80 *Apprenez...*

MANGER

nous	MANG -E -ons	je	MANG -e
vous	MANG -ez	tu	MANG -es
		il	
		elle }	MANG -e
		on	
		ils }	MANG -ent
		elles	

Autres verbes:
obliger, corriger,
changer, juger,
voyager, nager,
partager, etc.

▶ Quand l'infinitif se termine par -GER, on place un «e» devant «-ons» pour garder la prononciation [ʒ] comme à l'infinitif et aux autres formes:
→ nous mang**eons**, nous oblig**eons**, nous chang**eons**, etc.

AVANCER

nous	AVANÇ -ons	j'	AVANC -e
vous	AVANC -ez	tu	AVANC -es
		il elle on }	AVANC -e
		ils elles }	AVANC -ent

► Quand l'infinitif se termine par -CER, on place une cédille (¸) sous le «c», qu'on écrit «ç» devant «-ons» pour garder la prononciation [s] comme à l'infinitif et aux autres formes:
⟶ nous avan**çons**, nous pla**çons**, nous com-men**çons**, etc.

Autres verbes:
placer,   tracer,
commencer,   etc.

ENVOYER

nous	ENVOY -ons	j'	ENVOI -e
vous	ENVOY -ez	tu	ENVOI -es
		il elle on }	ENVOI -e
		ils elles }	ENVOI -ent

► «y» ⟶ «i» devant «-e», «-es», «-ent»:
j'envo**ie**, tu nett**oies**, elles app**uient**, etc.

Autres verbes:
nettoyer,   (s') essuyer,
(se) noyer,   essayer,
(s') appuyer,   payer,
(s') ennuyer,   etc.

... et complétez avec les verbes proposés:

a. J' .... le chèque aujourd'hui.   envoyer

b. Nous ne .... pas les mêmes idées.   partager

c. Elle .... par chèque ou en liquide?   payer

d. Nous .... toujours en avion.   voyager

e. Vous .... dans quel restaurant?   manger

f. Nous nous .... seuls à la montagne.   (s') ennuyer

g. Tu .... la cuisine tous les jours?   nettoyer

h. Nous .... les deux machines à écrire.   remplacer

81 *Récapitulation. Complétez avec les verbes proposés:*

Marie et moi .... la vie en province. Nous   aimer

.... le Midi de la France. Marie   habiter

.... à la Faculté des Sciences et moi, je   étudier

.... comme assistant à l'hôpital. Je   travailler

.... une vie tranquille. Je me   mener

.... à 7 h 30 le matin, je me ....   lever / préparer

et j'.............. les informations à la radio. Marie, elle,   écouter

.... lire les nouvelles dans le journal et dès   préférer

qu'elle se ...., elle .... au kios-   réveiller / aller

que à journaux près de chez nous et .... Libé[1].   acheter

Tous les jours à midi, nous .... ensemble.   manger

Nous .... correctement notre vie et   gagner

.... même quelques économies. Nous   faire

.... cet argent sur un compte-épargne loge-   placer

ment car nous .... acheter une petite villa.   espérer

Mon frère et ma sœur, au contraire, ... la vie   préférer

parisienne. Ils .... un minuscule appartement   partager

avec un ami. Ils ne .... jamais la journée avant   commencer

10 heures et .... sans arrêt jusqu'au soir: ils   travailler

.... sur le pouce[2]. Le soir, ils   déjeuner

.... au cinéma puis ils se ....   aller / promener

sur les Champs-Élysées ou à Saint-Germain-des-Prés où ils

s' .... à la terrasse d'un café et   installer

.... un verre de jus de fruit trois fois plus cher   payer

que chez nous en province! Quel snobisme!

Quand ils .... quelques jours avec nous, ils   passer

disent qu'ils s' .... à mourir en province, qu'il   ennuyer

n'y .... rien à faire. Eh bien, nous, nous ne   avoir

nous .... pas du tout. Ils nous   ennuyer

.... la province et nous leur ....   laisser / laisser

volontiers Paris!

1. *Libé*: Libération.
2. *déjeuner sur le pouce*: déjeuner très rapidement sans même se mettre à table.

82 *À vous! Racontez, au présent, votre mode de vie (habitudes, activités, loisirs, etc.)*

III. Verbes réguliers en -ir (type Grandir)

83 *Apprenez...*

GRANDIR

je	GRANDI -s	nous	GRANDI-SS -ons
tu	GRANDI -s	vous	GRANDI-SS -ez
il elle on	GRANDI -t	ils elles	GRANDI-SS -ent

Autres verbes:
agir,   choisir,
finir,   remplir,
obéir,   nourrir,
réunir,   réfléchir,
avertir,   etc.

... et réunissez les étiquettes deux à deux pour faire une phrase comme dans l'exemple (a):

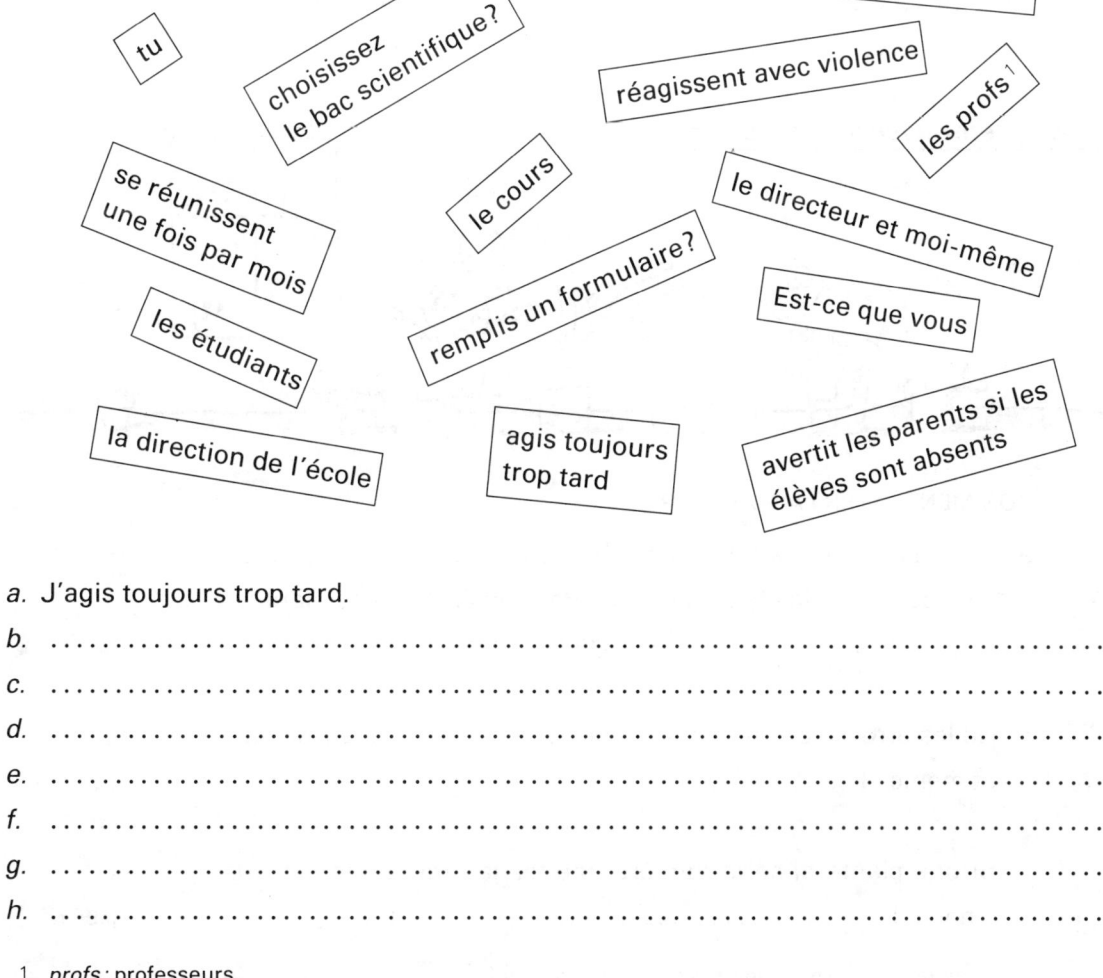

a. J'agis toujours trop tard.

b. ....

c. ....

d. ....

e. ....

f. ....

g. ....

h. ....

1. *profs:* professeurs.

84 *Observez certains verbes en -IR qui sont construits sur un mot (en général un adjectif)...*

EXEMPLES : **rouge** → **rougir** (devenir rouge), **fleur** → **fleurir** (faire apparaître des fleurs)

ROUGIR

je	ROUGI -s	nous	ROUGI-SS -ons
tu	ROUGI -s	vous	ROUGI-SS -ez
il elle on }	ROUGI -t	ils elles }	ROUGI-SS -ent

Autres verbes :
agrandir,   mûrir,
blanchir,   durcir,
noircir,   mincir,
etc.

... et trouvez le mot à l'origine de ces verbes :

élargir . . . .   enrichir . . . .

agrandir . . . .   jaunir . . . .

épaissir . . . .   fleurir . . . .

salir . . . .   brunir . . . .

éclaircir . . . .   rafraîchir . . . .

atterrir . . . .   grossir . . . .

85 *Complétez avec les verbes proposés :*

COMMENT AVOIR LA MAIN VERTE[1]

a. Vous aimez les plantes mais, hélas, vous ne . . . .   réussir

pas toujours à les faire pousser ! Pour avoir de jolies plantes,

. . . . à certaines règles simples :   obéir

b. Ne les arrosez pas trop sinon elles . . . . trop vite   grandir

et même elles . . . .   pourrir

c. Si une plante aime la lumière, mettez-la près d'une fenêtre

sinon elle . . . .   jaunir

1. *avoir la main verte* : savoir s'occuper des plantes.

d. Si les feuilles .... et même ....,

faites attention : votre plante est malade ! ....

vite !

brunir / noircir

agir

e. Si votre plante ....,

donnez-lui des vitamines, ...-la bien !

ne plus grandir

nourrir

f. Surtout attention aux changements de température. Si votre

plante ...., elle a très certainement

subi un coup de chaleur ou un coup de froid !

Bonne chance !

dépérir

86 *Voici 4 séries de 4 phrases. Donnez l'infinitif de chaque verbe.*
Dans chaque série, vous trouverez un verbe mal classé : soulignez-le.

a. *Série 1 :*   INFINITIFS

Le jardin fleurit   ....

L'enfant crie   ....

Les feuilles jaunissent   ....

Marianne grandit   ....

b. *Série 2 :*

Tu étudies tout l'été   ....

Je blondis au soleil   ....

Vous brunissez très vite   ....

Il choisit bien   ....

c. *Série 3 :*

Il rougit   ....

Je vous en prie   ....

Ne salissez pas le tapis   ....

Tu grossis en ce moment   ....

d. *Série 4 :*

On atterrit bientôt   ....

Le temps se rafraîchit   ....

Je les avertis du danger   ....

Nous vous remercions vivement   ....

IV. Verbes irréguliers

A. Verbes en -ir

87 *Apprenez...*

1. Type OFFRIR

nous	OFFR -ons		j'	OFFR -e
vous	OFFR -ez		tu	OFFR -es
			il	
			elle }	OFFR -e
			on	
			ils }	OFFR -ent
			elles	

Autres verbes: ouvrir, cueillir, accueillir, couvrir, découvrir, souffrir, etc.

2. Type TENIR

nous	TEN -ons		je	TIEN -s
vous	TEN -ez		tu	TIEN -s
			il	
			elle }	TIEN -t
			on	
			ils }	TIENN -ent
			elles	

Autres verbes: obtenir, retenir, entretenir, (re)venir, devenir, se souvenir, prévenir, etc.

3. Type DORMIR

nous	DORM -ons	je	DOR -s
vous	DORM -ez	tu	DOR -s
		il	
ils }	DORM -ent	elle }	DOR -t
elles		on	

Autres verbes: partir, sortir, sentir, servir, courir, mentir, etc.

▶ SUIVRE et VIVRE sont du type DORMIR :
nous SUIV -ons   je SUI -s
nous VIV -ons   je VI -s

... et réunissez les étiquettes deux à deux pour faire une phrase comme dans l'exemple (a) :

L'épicier — ils — ouvre sa boutique jusqu'à 22 heures — Je — viennent tous les mois — Christine — obtenez des résultats satisfaisants — tient à sa tranquillité — sers le dîner maintenant? — sors ce soir — il — vous — découvre la région — nous — dormons tard le dimanche — tu

a. Tu sers le dîner maintenant?!

b. ....

c. ....

d. ....

e. ....

f. ....

g. ....

h. ....

88 *Voici 5 séries de 4 verbes. Donnez, pour chaque verbe, la forme demandée. Vous remarquerez qu'un verbe est mal classé. Soulignez-le.*

a. Série 1

offrir   nous ....

sentir   nous ....

punir   nous ....

souffrir   nous ....

b. Série 2

devenir   elles ....

rougir   elles ....

sortir   elles ....

cueillir   elles ....

c. Série 3

servir   vous ....

réfléchir   vous ....

prévenir   vous ....

accueillir   vous ....

d. Série 4

obtenir   nous ....

découvrir   nous ....

dormir   nous ....

agir   nous ....

e. Série 5

obéir   vous ....

partir   vous ....

venir   vous ....

ouvrir   vous ....

B. Verbes en -re ou -oir

89 *Apprenez...*

1. Type ÉCRIRE

j'	ÉCRI -s	nous	ÉCRI-V -ons
tu	ÉCRI -s	vous	ÉCRI-V -ez
il elle on	ÉCRI -t	ils elles	ÉCRI-V -ent

Autres verbes :
décrire, (s')inscrire, etc.

2. Type LIRE

je	LI -s	nous	LI-S -ons
tu	LI -s	vous	LI-S -ez
il elle on	LI -t	ils elles	LI-S -ent

Autres verbes :
interdire,   séduire,
conduire,   plaire, etc.

► **DIRE** se conjugue comme LIRE sauf avec **vous** :
vous **DI-T -es**.

3. Type ATTENDRE

j'	ATTEND -s	nous	ATTEND -ons
tu	ATTEND -s	vous	ATTEND -ez
il elle on	ATTEND	ils elles	ATTEND -ent

Autres verbes :
rendre,   descendre,
vendre,   perdre,
répondre,   dépendre,
mordre, etc.

4. Type PRENDRE

je	PREND -s	nous	PREN -ons
tu	PREND -s	vous	PREN -ez
il elle on	PREND	ils elles	PRENN -ent

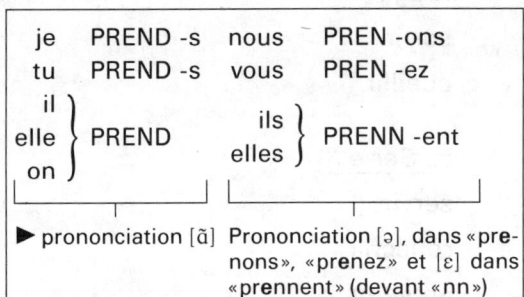

► prononciation [ɑ̃] | Prononciation [ə], dans «pre-
nons», «prenez» et [ɛ] dans
«prennent» (devant «nn»)

Autres verbes :
comprendre, apprendre, etc.

5. Type PEINDRE

je	PEIN -s	nous	PEI-GN -ons
tu	PEIN -s	vous	PEI-GN -ez
il elle on	PEIN -t	ils elles	PEI-GN -ent

Autres verbes :
craindre,   (se) plaindre
rejoindre,   atteindre, etc.

6. Type METTRE

nous	METT -ons	je	MET -s
vous	METT -ez	tu	MET -s
ils elles	METT -ent	il elle on	MET

Autres verbes :
battre,   permettre, etc.

7. Type CONNAÎTRE

je	CONNAI -s	nous	CONNAI-SS -ons
tu	CONNAI -s	vous	CONNAI-SS -ez
il elle on }	CONNAÎ -t	ils elles }	CONNAI-SS -ent

Autres verbes :
naître,   apparaître,
reconnaître,   disparaître,
croître,   accroître, etc.

▶ On met un accent circonflexe sur le « i » devant le « t » de l'infinitif : connaître, et devant le « t » de la 3e personne : il/elle/on connaît.

8. CROIRE

je	CROI -s	nous	CROY -ons
tu	CROI -s	vous	CROY -ez
il elle on }	CROI -t		
ils elles }	CROI -ent		

9. PLEUVOIR

> Il PLEUT

△ VOIR se conjugue comme CROIRE : je vois, nous voyons.

... et réunissez les étiquettes deux à deux
pour faire une phrase comme dans l'exemple (a) :

Le gouvernement

mettent la radio trop fort

Quand est-ce que vous

réponds à ses lettres ?

lisons un roman de Maupassant

Est-ce que tu

Nos voisins

Ils

se plaignent du bruit

craint une crise monétaire

Ils

Elle

On

croyez ?

Michel et moi

descend par l'ascenseur

prenez l'avion ?

le voit tous les jours au bureau.

conduisent vite

Vous

a. Est-ce que tu réponds à ses lettres?

b. ....

c. ....

d. ....

e. ....

f. ....

g. ....

h. ....

i. ....

j. ....

90 *Donnez les deux formes qui manquent :*

a. il ....

    j'écris

    nous ....

b. nous ....

    ils vendent ....

    tu ....

c. je ....

    elle craint

    vous ....

d. tu ....

    nous mettons

    ils ....

e. il ....

    nous comprenons

    je ....

f. il ....

    ils répondent

    vous ....

g. tu ....

    nous peignons ....

    ils ....

h. on ....

    vous lisez

    elles ....

91 *Complétez avec les verbes proposés :*

a. *Dire*

● Qu'est-ce que tu ....?

● Michel .... qu'il est malade.

● Que ....-vous?

● Tous les journaux .... la même chose!

b. *Plaire*

- Ce sont des vêtements qui . . . . aux jeunes.

- Il paraît que tu lui . . . . beaucoup!

- En faisant cela, nous ne . . . . pas à tout le monde!

- Fais ça pour moi, s'il te . . . . !

c. *Voir*

- Est-ce que tu . . . . souvent André?

  — Oui, Jeanne et moi le . . . . tous les mois au ciné-club.

- Vous . . . . , ce n'est pas facile!

d. *Conduire*

- Dans la plupart des pays, on . . . . à droite: les Anglais, eux, ... à gauche.

- Quand nous partons en vacances, ma femme et moi . . . . à tour de rôle[1]. Mais la nuit, c'est toujours moi qui . . . .

e. *Connaître*

- . . . .-vous un certain Monsieur Girard?

  — Oui, je le . . . . très bien, c'est mon voisin.

- Il y a trois ans qu'il habite à Paris et il ne . . . . pas Versailles!

f. *Croire*

- Vous . . . . qu'il fera beau demain?

- Ils . . . . tout ce qu'on leur dit!

- Je . . . . que vous avez raison!

g. *Apprendre*

- Vous avez des mauvaises notes parce que vous n'. . . . . pas vos leçons.

- On . . . . tous les jours.

- Ils . . . . le cours par cœur, sans comprendre, ce n'est pas une bonne méthode.

h. *Descendre*

- Je . . . . dans le hall et je t'attends.

- À quelle heure . . . . les élèves?

— Quand le cours est terminé.

- Les voisins du haut . . . . prendre le café avec nous tous les dimanches.

1. *à tour de rôle*: tantôt elle, tantôt moi.

C. Verbes en -re ou -oir avec transformation de la voyelle du radical (recevoir → reçois)

92 *Apprenez...*

1. Type RECEVOIR

nous	RECEV -ons	je	REÇOI -s
vous	RECEV -ez	tu	REÇOI -s
		il	
		elle	} REÇOI -t
		on	
		ils	
		elles	} REÇOI V -ent

Autres verbes: apercevoir, décevoir, concevoir, etc.

▶ On écrit «c» avec une cédille (ç) devant «oi» pour garder la prononciation [s] comme à l'infinitif et aux autres formes.

2. POUVOIR

nous	POUV -ons	je	PEU -x
vous	POUV -ez	tu	PEU -x
		il	
		elle	} PEU -t
		on	
		ils	
		elles	} PEU V -ent

▶ VOULOIR se conjugue comme POUVOIR.

3. DEVOIR

nous	DEV -ons	je	DOI -s
vous	DEV -ez	tu	DOI -s
		il	
		elle	} DOI -t
		on	
		ils	
		elles	} DOI V -ent

4. VALOIR

nous	VAL -ons	je	VAU -x
vous	VAL -ez	tu	VAU -x
ils		il	
elles	} VAL -ent	elle	} VAU -t
		on	

5. SAVOIR

nous	SAV -ons	je	SAI -s
vous	SAV -ez	tu	SAI -s
ils		il	
elles	} SAV -ent	elle	} SAI -t
		on	

6. S'ASSEOIR

je	m'ASSIED -s	nous	nous ASSEY -ons
tu	t' ASSIED -s	vous	vous ASSEY -ez
il		ils	
elle	} s' ASSIED	elles	} s' ASSEY -ent
on			

7. FALLOIR

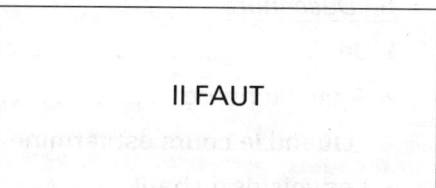

Il FAUT

▶ Formes plus populaires: je m'assois, tu t'assois, il/elle/on s'assoit, ils/elles s'assoient, nous nous assoyons, vous vous assoyez.

8. BOIRE

je	BOI -s	nous	BUV -ons
tu	BOI -s	vous	BUV -ez
il elle on	BOI -t		
		ils elles	BOI V -ent

9. MOURIR

nous	MOUR -ons	je	MEUR -s
vous	MOUR -ez	tu	MEUR -s
		il elle on	MEUR -t
		ils elles	MEUR -ent

... et complétez avec les verbes proposés :

a. (S') apercevoir

- Viens, d'ici, on . . . . Notre-Dame.

- Les gens ne . . . . pas toujours du mal qu'ils font !

b. Vouloir

- Vous . . . . un verre de jus d'orange ?

— Oui, je . . . . bien. Merci.

- Pierre . . . . partir en vacances à la montagne mais son frère et sa sœur

. . . . aller au bord de la mer !

c. Boire

- Qu'est-ce que vous . . . . ?

— Je ne . . . . jamais d'alcool. Donnez-moi de l'eau.

- Vos enfants ne . . . . pas de lait ! C'est regrettable !

d. Savoir

- Est-ce que tu . . . . que je me marie le mois prochain ?

- Vous . . . . que je vous dis toujours la vérité !

e. Valoir

- A Paris, les appartements . . . . très cher.

- Est-ce qu'on se met au travail ?

— Ça ne . . . . pas la peine, il est déjà tard !

f. *Devoir*

- Je me dépêche, je . . . . être au bureau avant 9 heures.
- N'oublie pas que nous . . . . lui acheter des fleurs.

g. *Pouvoir*

- Est-ce que vous . . . . garder un secret?
- — Bien sûr, je . . . .
- Nous . . . . aller lui rendre visite à partir de 14 heures; est-ce que Benoît
. . . . passer nous prendre vers 13 heures 30?

h. *Mourir*

- Depuis que nous habitons à la campagne, nous . . . . d'ennui [1] !
- Je . . . . d'envie [2] de le revoir!

1. *mourir d'ennui :* s'ennuyer beaucoup.
2. *mourir d'envie :* avoir très envie.

93 *Récapitulation. Complétez avec les verbes proposés.*

AVEZ-VOUS LU CE LIVRE?

LE PÈRE GORIOT

Honoré de Balzac

Le héros .... un vieil homme. On   être
l'............... le Père Goriot. Il .... deux   appeler / avoir
filles. Il .... en vendant du blé puis il   s'enrichir
.... ses deux filles dans la haute société.   marier
Il .... pauvre et elles, elles ....   devenir / devenir
riches car il leur .... tout son argent. Elles ne   donner
.... plus le voir, elles ne le ....   vouloir / recevoir
pas chez elles car il n'............... pas à la même   appartenir
société. Mais lui, il n'............... qu'une passion : ses   avoir
filles. Il ne .... que pour elles.   vivre

L'autre personnage important .... Rasti-   s'appeler
gnac. Il .... étudiant en droit. Il   être
.... obtenir une position dans la haute   vouloir
société. Pour atteindre son but, il .... de plaire essayer
aux dames de cette société aristocratique. Le Père Goriot et
Rastignac .... car ils .... la   se connaître / habiter
même pension. Rastignac .... de fils au Père   servir
Goriot. Abandonné par ses filles, le Père Goriot
.... dans les bras de Rastignac.   mourir

Avez-vous reconnu ce roman? Il .... du   s'agir
Père Goriot d'Honoré de Balzac.

94 *À vous! Résumez, au présent, votre roman préféré.*

I. Formes de l'impératif

95 *Lisez les documents qui suivent, observez les verbes soulignés et donnez pour chacun, l'infinitif et la forme correspondante au présent comme dans l'exemple (a):*

a. *La banque pense aux jeunes*

> Il n'est jamais trop tôt pour
> prendre son argent
> au sérieux...
> Dès maintenant
> faites découvrir à vos enfants
> le Compte Épargne Jeune [1]

faire / **vous** faites

1. pour les jeunes de moins de 12 ans.

b. *Campagne électorale*

PENSONS À NOS ENFANTS, ... / ....

CONSTRUISONS L'EUROPE DE DEMAIN   .... / ....

c. *Note aux parents d'élèves*

Chers Parents,

Cette feuille vous est destinée.

Conservez-la précieusement.   .... / ....

d. *Cahier d'orthographe*

● Retiens la règle   .... / ....

● Ferme ton livre et fais la dictée   .... / ....
                                                               .... / ....

● Écris au pluriel: «Une belle veste noire»   .... / ....

● Souviens-toi de l'orthographe de ces   .... / ....
mots: accorder, apporter, lutter, corriger

GRAMMAIRE

1. AVEC L'IMPÉRATIF, ON S'ADRESSE À QUELQU'UN : IL N'EXISTE DONC QUE TROIS FORMES :

$$\textbf{tu} \quad , \quad \textbf{vous} \quad , \quad \textbf{nous} \; = \; (\textbf{je} + \textbf{tu}) \quad ou \quad (\textbf{je} + \textbf{vous})$$

2. LE VERBE À L'IMPÉRATIF A, LE PLUS SOUVENT, LA MÊME FORME QU'AU PRÉSENT :

EXEMPLES : Ferme Écris
     Fermons Écrivons
     Fermez Écrivez

Voir les cas irréguliers (exercice 97).

Les verbes en -er s'écrivent sans « s » à l'impératif alors qu'au présent on écrit : tu ferme*s*.

EXEMPLES : Mange (tu manges) — Va (tu vas) — Retourne (tu retournes)

Si on utilise les pronoms **en** ou **y** après ces formes de l'impératif, on met un « s » pour créer une liaison.

EXEMPLES : Manges-en Vas-y Retournes-y
      z   z   z

II. Conjugaison des verbes à l'impératif

A. Verbes qui se conjuguent comme au présent (voir la conjugaison du présent)

96 *Apprenez...*

ALLER

VA	au cinéma
ALLONS	au cinéma
ALLEZ	au cinéma

ÉCRIRE

ÉCRIS	correctement
ÉCRIVONS	correctement
ÉCRIVEZ	correctement

VOIR

VOIS	ça avec lui
VOYONS	ça avec lui
VOYEZ	ça avec lui

SE DÉPÊCHER

DÉPÊCHE-	toi
DÉPÊCHONS-	nous
DÉPÊCHEZ-	vous

... et donnez les deux autres formes de l'impératif

a. Agis rapidement !

....

....

b. ....

Allons-y maintenant !

....

c. Prends-en un peu !

....

....

d. Éteins la lumière !

....

....

e. ....

....

Lisez d'abord l'introduction !

f. ....

Envoyons-lui un télégramme

....

g. ....

Préparez-en beaucoup !

h. ....

....

Préparez-vous !

B. Verbes irréguliers : *Avoir, être, vouloir, savoir.*

97 *Lisez, apprenez...*

a. *Bulletin trimestriel*
Appréciations générales :
«Résultats satisfaisants — **Ayez** plus confiance en vous et les résultats seront encore meilleurs.»
            La Directrice,

AVOIR

AIE	confiance
AYONS	confiance
AYEZ	confiance

b. *Bulletin scolaire*
Éducation musicale :
Soyez plus attentif. Participez davantage pour mieux réussir.

ÊTRE

SOIS	plus attentif
SOYONS	plus attentifs
SOYEZ	plus attentif(s)

c. *Note administrative*
Veuillez remettre votre dossier au bureau 52 avant le 14 novembre 16 heures.

VOULOIR

VEUILLEZ patienter
▶ **Veuillez** est la seule forme utilisée.

d. *Avertissement*
Sachez que, si vous êtes en retard le jour de l'examen, vous serez éliminé.

SAVOIR

SACHE	que je pense à toi!
SACHONS	rester calmes!
SACHEZ	être bref(s)!

▶ «sachez» est la forme la plus utilisée

... et complétez avec les verbes proposés :

a. Nous avons eu tort, ... le courage de le reconnaître.

avoir

b. .... agréer, cher Monsieur, l'expression de mes salutations distinguées.

vouloir

c. Tu m'attends là, ... sage, je reviens tout de suite.

être

d. Vous savez que le spectacle commence à 20 heures précises, ... à l'heure.

être

e. Économisons! .... être prévoyants.

savoir

f. Tout s'arrangera, vous verrez. .... un peu de patience.

avoir

III. Quelques emplois de l'impératif

A. Verbes à la forme affirmative

98 *Mettez les verbes au singulier ou au pluriel selon les cas comme dans l'exemple (a):*

CONSIGNES

a. Complète la liste des verbes.   Complétez la liste des verbes.
b. Apprenez à compter de 0 à 200.   ....

c. Mets une croix dans les bonnes cases ....
   et réponds.

d. Étudiez les règles d'accord. ....

e. Employez le passé composé. ....

f. Fais ces mots croisés. ....

g. Souviens-toi de la définition. ....

h. Réfléchis et écris la réponse. ....

99 *Transformez les phrases suivantes*
en phrases impératives comme dans l'exemple (a):

CONSEILS DE L'ENTRAINEUR DE FOOTBALL

a. Charles, tu dois anticiper[1]!   Charles, anticipe!

b. Tu dois te démarquer[2], Fred! ....

c. Tu dois aller vers le ballon! ....

d. Eh, le gardien de but, il faut te réveiller! ....

e. Tu dois attaquer le joueur qui a le ....
   ballon! ....

f. Tu dois te placer au milieu des buts! ....

g. Il faut viser le deuxième poteau! ....

h. Tu dois courir plus vite! ....

1. *anticiper:* prévoir ce que l'adversaire va faire.
2. *se démarquer:* s'éloigner des autres joueurs.

100 *À vous! Donnez des conseils à un camarade avant un examen.*

EXEMPLE: «Surtout, reste calme!»

101 *Complétez avec un verbe de votre choix à l'impératif comme dans l'exemple (a):*

ORDRES

a. Il fait froid ici, ferme la fenêtre!

b. Il fait sombre dans cette pièce, ...!

c. Vous faites vraiment trop de bruit ....!

d. J'ai soif, ...!

e. J'ai lavé la vaisselle, ...!

f. Si tu as terminé ton travail, ...!

g. Je n'ai pas le temps d'aller chercher des billets, ...!

h. Si vous êtes en retard, on ne vous attendra pas, alors .... à l'heure!

102 *La phrase contient une proposition : pour donner votre accord, répondez avec le verbe à l'impératif (forme en -ons) comme dans l'exemple a :*

ACCORD

a. On va voir la Pyramide du Louvre?

— C'est une bonne idée, allons-y!

b. Émilie est revenue de Bordeaux. On l'appelle? Ça lui fera plaisir!

— Tu as raison, ...!

c. Cet appartement, je préférerais le louer.

— Bon d'accord, ...!

d. Moi, j'aimerais bien prendre l'avion.

— Pourquoi pas? .... l'avion, ce n'est pas plus cher!

e. Je ne veux plus penser à cette affreuse soirée!

— C'est vrai, ... à autre chose.

f. Toujours les maths et la physique! On ne peut pas parler d'autre chose, non?

— Il a raison, ... d'autre chose!

B. Verbes à la forme négative

103 *Lisez ces indications, observez la forme des verbes...*

HÔPITAL
Ne faites pas de bruit!

RATP [1]
Ne jetez pas vos tickets. Conservez-les !

TAXI
Attention, pour votre sécurité, pour celle des autres,
n'ouvrez jamais la portière côté circulation !

SNCF [2]
Ne vous penchez pas à la fenêtre

1. *RATP*: Régie autonome des transports parisiens.
2. *SNCF*: Société nationale des chemins de fer français.

... et utilisez l'impératif négatif comme dans le premier exemple...

a. *Interdictions dans un lieu public*

N'apportez pas de bouteille en verre au bord de la piscine !

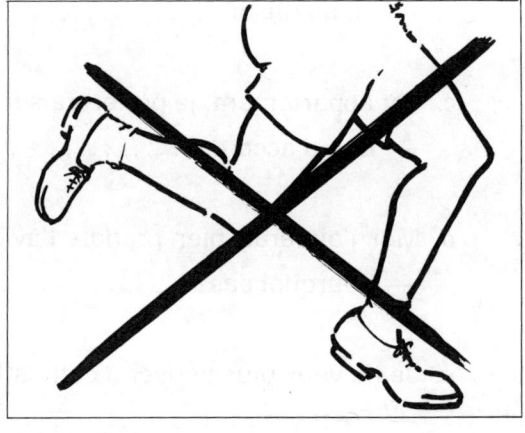

. . . .

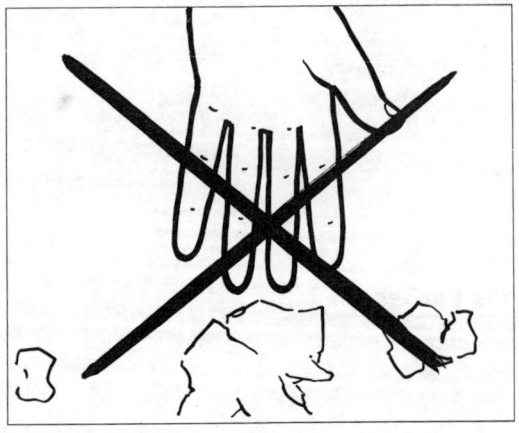

. . . .

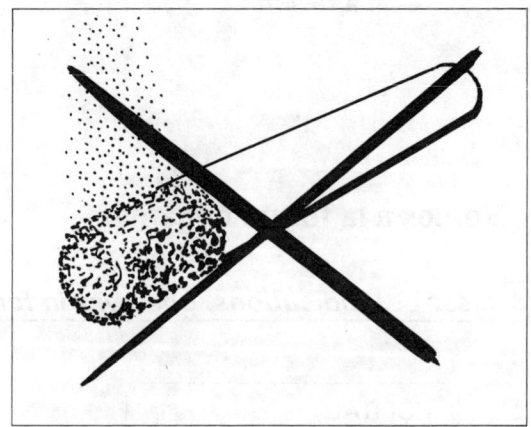

. . . .

... maintenant inventez quelques interdictions!

....

....

....

....

b. *Interdictions à table pour les enfants*

- On ne parle pas la bouche pleine.

  Ne parle pas la bouche pleine!

- On n'interrompt pas les adultes.

  ....

- On ne se sert pas tout seul!

  ....

- On ne chante pas à table.

  ....

- On ne joue pas avec le pain.

  ....

- On ne met pas les coudes sur la table!

  ....

104 *Donnez des conseils à un ami étranger qui vient visiter votre pays.*

CONSEILS

EXEMPLE: «Ne prends pas le métro le soir tard, c'est dangereux.»

....

....

....

....

....

....

105 *La proposition contient une remarque négative: pour montrer que vous l'acceptez, répondez avec un verbe à l'impératif (forme en -ons) comme dans l'exemple (a):*

ACCORD

a. Non, on n'emporte pas le poste de télé en vacances, nous sommes trop chargés!

— Tant pis, ne l'emportons pas!

b. Je n'ai pas très envie d'aller à cette soirée, et toi?

— Moi non plus, ..., ça n'a aucune importance!

c. Il ne faut pas parler de politique avec eux!

— Bon, alors, ... ce soir!

d. On invite David dimanche? Je n'en ai pas très envie!

— Eh bien, ..., c'est comme tu veux!

e. Pour acheter un appartement, il ne faut pas se presser!

— Il a raison, ...

f. Votre projet est complètement irréaliste. Il ne faut pas rêver!

— C'est vrai, ...

Le passé composé

I. Conjugaison du passé composé

106 *Lisez ce poème, observez les verbes...*

Une femme **a poussé** la porte
la glace **est entrée** avec elle
dans l'auberge du nord
Elle ne **s'est pas assise**
Elle nous **a regardés**

Elle **a crié** son absence
L'alcool **s'est congelé** dans les verres
Elle **a dit** où était sa maison
puis elle **est passée**
au-delà.

Gilles Fournel
La 99ᵉ Auberge (1956)
Source (Cahier de Rochefort)

... et classez ces verbes dans le tableau :

S'**EST** + VERBE	• **avec les verbes pronominaux :**
. . . .	s'asseoir, s'ennuyer, se regarder,
. . . .	se congeler, se disputer, s'enrhumer,
	etc.
ÊTRE (au présent)	
+	**Pour l'accord du participe passé, voir**
PARTICIPE PASSÉ	**Grammaire pages 29 et 30.**
DU VERBE	
EST + VERBE	• **avec les verbes de déplacement :**
. . . .	(r)entrer, partir, monter,
. . . .	sortir aller, descendre,
	arriver, (re)venir, passer,
	et aussi : rester
ÊTRE (au présent)	• **avec les verbes :**
+	tomber, devenir, apparaître,
PARTICIPE PASSÉ	naître, intervenir, parvenir,
DU VERBE	mourir,
	Il y a toujours l'accord du participe passé avec
	le masculin, féminin, singulier et pluriel :
	EXEMPLE : **Elle** est revenue.

A + VERBE	
· ·	• avec tous les autres verbes.
· ·	• mais on a aussi : avoir + { rentrer, sortir, monter, descendre, passer,
· ·	
· ·	s'il y a un complément d'objet direct :
	EXEMPLE : J'ai monté les valises
AVOIR (au présent) + PARTICIPE PASSÉ DU VERBE	Il y a accord du participe passé avec m', nous, t', vous, l', les
	EXEMPLES : Les valises, je **les** ai descendu**es**. Ces gens, je **les** ai rencontré**s** dans le train. **Voir Grammaire page 37 a).**

107 *Conjuguez* pousser, entrer, s'asseoir, être *et* avoir *au passé composé.*
Faites l'accord du participe passé si c'est nécessaire :

a. *Pousser*

J'ai poussé la porte.   Nous . . . . la porte.

Tu . . . . poussé la porte.   Vous . . . . la porte.

Il ⎫
Elle ⎬ . . . . la porte.
On ⎭

Ils ⎫
Elles ⎬ . . . . la porte.

b. *Entrer*

Je   suis entré(e).   Nous . . . .

Tu . . . . entré(e).   Vous . . . . entré(e)(s).

Il . . . .   Ils . . . .

Elle . . . .   Elles . . . .

On . . . . entr**é**.

(= quelqu'un est entré)

On . . . . entré(e)**s**.

(= nous sommes entré(e)**s**)

c. *S'asseoir*

Je me suis assis(e).   Nous ....

Tu t' .... assis(e).   Vous .... assis(es)

Il   ....   Ils   ....

Elle ....   Elles ....

On   .... assis.

(= quelqu'un s'est assis)

On   .... assis(es).

[= nous nous sommes assis(es)]

d. *Être*

J'ai été malade.   Nous ....

Tu .... malade.   Vous .... malade(s).

Il }   Ils }
Elle } ....   Elles } ....

On   .... malades

(= nous avons été malades)

e. *Avoir*

J'ai eu peur.   Nous ....

Tu ....   Vous ....

Il }   Ils }
Elle } ....   Elles } ....
On }

108 *Observez les différentes formes du participe passé...*

	VERBES EN -ER	VERBES EN -RE
-é	manger ⟶ mang**é** chercher ⟶ cherch**é** payer ⟶ pay**é** ▶ Tous les verbes en -er ⟶ **é**	être ⟶ ét**é** naître ⟶ n**é**

	VERBES EN -IR	VERBES EN -RE	VERBES EN -OIR
-u	tenir → tenu venir → venu courir → couru ► Les participes passés en «u» sont très nombreux.	lire → lu rendre → rendu plaire → plu	recevoir → reçu falloir → fallu pleuvoir → plu ► Pour tous les infinitifs en -OIR/OIRE sauf (s')asseoir → assis.
-i	réussir → réussi finir → fini sortir → sorti	rire → ri dormir → dormi suivre → suivi	
-is	acquérir → acquis	prendre → pris mettre → mis promettre → promis	(s')asseoir → assis
-it		dire → dit écrire → écrit cuire → cuit	
-ert	ouvrir → ouvert offrir → offert souffrir → souffert		
-ort	mourir → mort		
-ait		faire → fait	
-aint		craindre → craint (se) plaindre → plaint	
-eint		peindre → peint éteindre → éteint	
-oint		joindre → joint	
-ous		dissoudre → dissous (► féminin : dissoute)	

... et apprenez le participe passé des verbes les plus fréquents en -ir, -re, -oir classés par ordre alphabétique :

acquérir	acquis	avoir	eu
apercevoir	aperçu	battre	battu
apparaître	apparu	boire	bu
apprendre	appris	conclure	conclu
(s') asseoir	assis	comprendre	compris
atteindre	atteint	conduire	conduit
attendre	attendu	connaître	connu

construire	construit	paraître	paru
convaincre	convaincu	partir	parti
courir	couru	peindre	peint
couvrir	couvert	perdre	perdu
craindre	craint	permettre	permis
croire	cru	(se) plaindre	plaint
cuire	cuit	plaire	plu
découvrir	découvert	pleuvoir	plu
descendre	descendu	pouvoir	pu
détruire	détruit	prendre	pris
devenir	devenu	promettre	promis
devoir	dû (fém. due)	recevoir	reçu
dire	dit	(se) reconnaître	reconnu
disparaître	disparu	rendre	rendu
dormir	dormi	répondre	répondu
écrire	écrit	réussir	réussi
émouvoir	ému	rire	ri
être	été	savoir	su
faire	fait	sentir	senti
falloir	fallu	(se) servir	servi
finir	fini	sortir	sorti
fuir	fui	souffrir	souffert
grandir	grandi	se souvenir	souvenu
interrompre	interrompu	suivre	suivi
intervenir	intervenu	se taire	tu
joindre	joint	tenir	tenu
lire	lu	valoir	valu
mettre	mis	vaincre	vaincu
mordre	mordu	vendre	vendu
mourir	mort	venir	venu
naître	né	vivre	vécu
obtenir	obtenu	voir	vu
offrir	offert	vouloir	voulu
ouvrir	ouvert		

109 *Mettez les verbes proposés au passé composé. Vérifiez la bonne forme du participe passé dans les tableaux ci-dessus. Faites le bon choix de **être** ou **avoir**.*

a. Qu'est-ce que tu lui ....?   offrir

b. J' .... très peur !   avoir

c. Ils .... l'exercice sans difficulté.   faire

d. Et ton ami Florent, qu'est-ce qu'il ....?   devenir

e. Tu vois, Rimbaud .... dans cette maison.   vivre

f. Nous .... très contents de vous revoir !   être

g. Cette nuit, je .... !   ne pas dormir

h. Est-ce que le spectacle vous .... ?   plaire

i. Attendez, je ....   ne pas finir

j. Il .... se coucher.   aller

k. Est-ce que vous .... votre parapluie ?   prendre

l. Qu'est-ce qui .... ?   se passer

m. Nous .... de la chance !   avoir

n. Notre fils .... au Tchad.   naître

o. C'est un film très drôle. J'.................... du début à la fin !   rire

p. Il .... très malade.   être

q. Comment, tu .... à ton père ?   écrire

r. Dimanche, il .... toute la journée !   pleuvoir

s. J'.. non !   répondre

t. Voltaire .... le 30 mai 1778.   mourir

u. Je .... vous déranger.   ne pas vouloir

v. Nous .... votre lettre hier seulement !   recevoir

w. Ils .... leur appartement tout seuls !   repeindre

x. J' .... mon examen oral hier. J' .... !   passer / souffrir

y. Est-ce que tu .... la voiture au garage ?   rentrer

110 *Mettez les verbes proposés au passé composé
et respectez l'accord du participe passé (voir Grammaire pages 29, 30 et 37).*

a. Elle ....   tomber

b. Ces livres, je les .... il y a longtemps !   lire

c. Frédéric .... de voyage dans la nuit. Il ....   rentrer / appeler

   tout de suite ses parents et bien sûr, il les .... !   réveiller

d. Les enfants jouaient tranquillement. Vous les ....   interrompre

   .... pour rien !

e. Est-ce que tu .... la radio ce matin ?   écouter

f. Quand elles .... vingt ans après,   se revoir

elles ....   ne pas se reconnaître

g. Je m'appelle Carine, je .... à Perpignan où j' ....   naître / habiter

jusqu'à l'âge de cinq ans, puis mes parents ....   déménager

et nous .... à Troyes.   s'installer

Mes deux frères y ....   naître

et nous .... la Champagne.   ne plus jamais
quitter

h. Et ta valise, tu l' ....?   préparer

i. Il .... ses vacances à travailler!   passer

j. Savez-vous quand Madame de Sévigné ....?   mourir

GRAMMAIRE

AVEC UN VERBE AU TEMPS COMPOSÉ, ON PLACE LA NÉGATION OU L'ADVERBE
ENTRE **AVOIR** OU **ÊTRE** ET LE PARTICIPE PASSÉ :

Je	**n'**ai	**jamais**	pris	l'avion.
Nous	**ne** sommes	**pas**	arrivés	à l'heure.
Nous	avons	**peut-être**	gagné.	
J'	ai	**beaucoup**	travaillé.	
Ils	se sont	**vraiment**	ennuyés.	
Il	a	**trop**	mangé.	

II. Emploi du passé composé

111 *Lisez le texte, observez les verbes...*

UNE FEMME AU FOYER

J'**ai fait** mes études secondaires à Cahors, J'**ai eu** mon bac en 1972,
je **suis allée** à l'université de Bordeaux, j'**ai passé** mes examens sans problèmes,
puis je **me suis mariée**, j'**ai eu** trois enfants,
et je **n'ai jamais exercé** mon métier d'interprète !

... et complétez avec les verbes proposés au passé composé :

a. Une sténodactylo

Elle .... au lycée jusqu'en seconde mais	aller
mais elle .... pour des raisons stupides.	abandonner
Elle .... comme vendeuse dans un super-	travailler
marché pendant un an puis elle	décider
de préparer un CAP[1] de sténodactylo. Elle	faire
deux années d'études et .... son diplôme.	avoir

Maintenant, elle a un métier plus intéressant et un meilleur salaire.

b. Un peintre

Bon alors, vous .... l'école à 14 ans, vous	quitter
.... votre métier à l'école mais vous	ne pas apprendre
.... tout de suite chez un patron.[2]	travailler
— C'est ça, j'........................... d'abord apprenti[3], puis	être
ouvrier.	
— Puis, vous .... travailler à votre compte[4]	vouloir
et vous .... votre propre entreprise.	créer
— Oui, j'.................. tout seul avec un apprenti, puis petit	commencer
à petit, j'....................... ma petite entreprise de peinture.	développer

c. Un haut fonctionnaire

J'.................................. le latin et le grec pendant	enseigner
trois ans puis je .... dans un ministère. Le	entrer
travail m'..................... et j'....................... envie	plaire / avoir
de faire une carrière dans l'Administration. J'...............	préparer
le concours de l'ENA[5], j' ...., j'	réussir / faire
deux ans et demi d'études et à la sortie, j'	choisir
la carrière diplomatique.	

1. CAP : Certificat d'aptitude professionnelle.
2. *patron* : personne qui dirige une entreprise.
3. *apprenti* : quelqu'un qui commence à travailler et apprend le métier.
4. *travailler à son compte* : devenir patron.
5. ENA : École nationale d'administration.

d. *Biographie de Marguerite Duras*

Marguerite Duras .... en Indochine [1] en 1914. Elle   naître

.... beaucoup de romans (par exemple *L'Amant*   écrire

qui .... le Prix Goncourt en 1984) et des pièces de   obtenir

théâtre qui .... un très grand succès.   connaître

Mais c'est le cinéma qui l'.................... célèbre quand   rendre...

elle .... le scénario [2] de *Hiroshima,*   écrire

mon amour en 1959 (film d'Alain Resnais) et ensuite quand

elle .... *India Song* en 1975.   réaliser

1. *Indochine*: actuellement le Vietnam.
2. *le scénario*: l'histoire.

112 *Lisez ce texte puis racontez la même chose au passé:*

LA MARSEILLAISE, l'hymne national français.

En 1792 Rouget de l'Isle écrit un chant patriotique [1] qui plaît tout de suite aux soldats français en guerre contre les Autrichiens: on l'appelle alors *Chant de guerre pour l'armée du Rhin.*
Puis, le 10 août 1792 à la bataille des Tuileries à Paris, des patriotes venus de Marseille pour défendre la République chantent cet hymne qui plaît aux révolutionnaires parisiens. C'est ainsi que le *Chant de guerre pour l'Armée du Rhin* devient *La Marseillaise,* l'hymne national français.

1. *patriotique*: à la gloire de la patrie, du pays.

....
....
....
....
....
....
....
....
....
....

L'imparfait

I. Conjugaison de l'imparfait

A. Verbe *avoir*

113 *Apprenez...*

j'	AVAIS	dix ans	nous	AVIONS	dix ans
tu	AVAIS	dix ans	vous	AVIEZ	dix ans
il elle on	AVAIT	dix ans			
ils elles	AVAIENT	dix ans			

... et complétez avec le verbe avoir *à l'imparfait pour exprimer une action passée :*

a. *Souvenir de vacances*

Je me souviens de cet été-là chez l'oncle Marcel. Mon frère .... dix ans
et moi, j'.................... à peine cinq ans. Nos deux cousines ....
à peu près le même âge que nous. Et nous .... toute la campagne pour
jouer.

b. *Un ancien professeur et un ancien élève*

En classe de 3e, vous .... des difficultés dans certains cours, si je me
souviens bien !

— En effet, je n'.................... pas envie d'étudier les maths et la physique.
J'.................... une passion pour la littérature et l'histoire.

— Heureusement, les maths n'.................... pas la même importance qu'aujour-
d'hui !

c. *Deux anciens élèves du lycée Mignet*

On .... un très mauvais prof en anglais.

— Ah non, souviens-toi, moi, je n'.................... pas le même prof que toi !

— C'est vrai ! Toi, tu .... Mlle Mauch qui .... une
perruque [1] et des lunettes trop petites ! Mais vous .... de bons résultats
avec elle.

1. *perruque* : faux cheveux.

B. Formation de l'imparfait

114 *Observez, apprenez...*

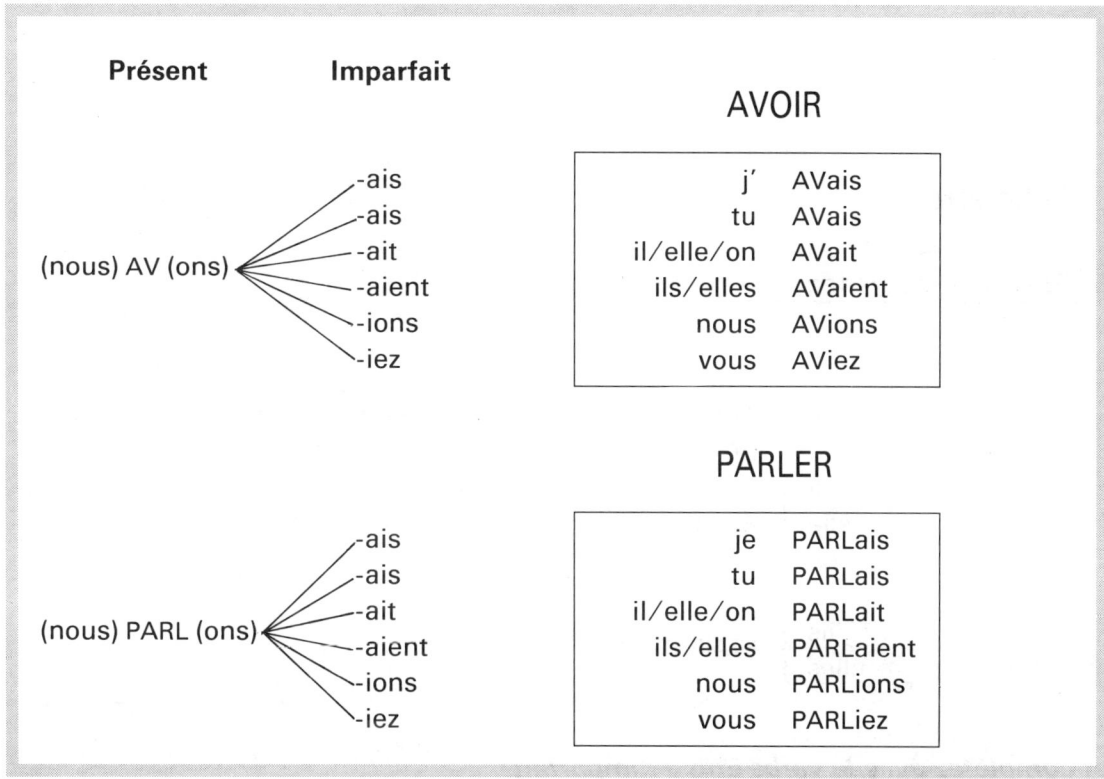

Présent   **Imparfait**

AVOIR

(nous) AV (ons)
- -ais
- -ais
- -ait
- -aient
- -ions
- -iez

j'	AVais
tu	AVais
il/elle/on	AVait
ils/elles	AVaient
nous	AVions
vous	AViez

PARLER

(nous) PARL (ons)
- -ais
- -ais
- -ait
- -aient
- -ions
- -iez

je	PARLais
tu	PARLais
il/elle/on	PARLait
ils/elles	PARLaient
nous	PARLions
vous	PARLiez

... et conjuguez les verbes aux formes proposées :

a. *Faire (FAIS-)*

je ....

nous ....

ils ....

b. *Aller (ALL-)*

tu ....

vous ....

elle ....

c. *Prendre (PREN-)*

on ....

nous ....

elles ....

e. *Finir (FINISS-)*

tu ....

ils ....

nous ....

f. *Devoir (DEV-)*

on ....

vous ....

je ....

g. *Craindre (CRAIGN-)*

je ....

nous ....

vous ....

d. *Savoir (SAV-)*

je . . . .

il . . . .

vous . . . .

h. *Pouvoir (POUV-)*

tu . . . .

vous . . . .

on . . . .

C. Verbe *être*

115 *Observez, apprenez...*

j'	ÉTAIS	bien	nous	ÉTIONS	bien
tu	ÉTAIS	bien	vous	ÉTIEZ	bien
il elle on c'	ÉTAIT	bien			
ils elles	ÉTAIENT	bien			

... et complétez avec le verbe être *à l'imparfait :*

a. *Souvenir*

C'. . . . . en 1950, j'. . . . . une toute petite fille. Nous

. . . ., mon frère et moi, en pension[1] dans une école, à Quimper, loin de

nos parents. Ce n'. . . . . pas gai!

1. *être en pension*: manger et dormir à l'école.

b. *Une mère à son fils*

Tu n'. . . . . pas à la maison à 5 heures cet après-midi. Où

. . . .-tu? Ton père et moi, nous . . . . très inquiets!

Allez, réponds!

c. *Fait divers dramatique : un élève raconte*

Les professeurs . . . . encore dans la cour de l'école et nous, nous

. . . . déjà dans nos salles de classe. Soudain, une explosion, des cris, la

panique!

D. Verbes impersonnels *falloir* et *pleuvoir*

il FALLait

il PLEUVait

E. Verbes en *GER* (type manger), en *CER* (type placer) et verbes du type *voir / croire* et *crier*

116 *Apprenez...*

MANGER

je	mangEais
tu	mangEais
il	
elle }	mangEait
on	
ils }	
elles }	mangEaient

Autres verbes:
partager,   corriger,
diriger,   neiger,
obliger,   changer,
voyager,   nager, etc.

▶ On place un «e» devant «-ais», «-ait», «-aient» pour garder la prononciation [ʒ] comme à l'infinitif et aux autres formes.

PLACER

je	plaÇais
tu	plaÇais
il	
elle }	plaÇait
on	
ils }	
elles }	plaÇaient

Autres verbes:
commencer,   agacer,
tracer,   menacer, etc.

▶ On écrit «ç» devant «-ais», «-ait», «-aient» pour garder la prononciation [s] comme à l'infinitif et aux autres formes.

VOIR/CRIER

nous	voYions
vous	voYiez
nous	criions
vous	criiez

▶ On écrit «yi» ou «ii» aux formes *nous* et *vous*.

... et conjuguez les verbes aux formes proposées :

a. *Croire (CROY-)*

je ....

nous ....

Ils ....

b. *Étudier (ÉTUDI-)*

on ....

nous ....

vous ....

c. *Appuyer (APPUY-)*

tu ....

elle ....

vous ....

d. *Commencer (COMMENC-)*

je ....

nous ....

ils ....

e. *Essuyer (ESSUY-)*

tu ....

nous ....

vous ....

f. *Partager (PARTAG-)*

je ....

vous ....

elles ....

g. *Oublier (OUBLI-)*

on ....

nous ....

vous ....

h. *Avancer (AVANC-)*

tu ....

vous ....

ils ....

II. Emploi de l'imparfait

117 *Lisez le texte, observez les verbes...*

L'ÉCOLE EN QUESTION

Un grand nombre de parents pensent que, quand ils **étaient** à l'école, ils **travaillaient** mieux que leurs enfants aujourd'hui. Ils disent tout le temps :

«On **faisait** des dictées,

on **apprenait** les dates par cœur,

on **avait** des notes et des classements réguliers,

les enseignants **avaient** une meilleure formation

et on les **respectait** plus,

on **regardait** moins la télé!»

... et complétez avec les verbes proposés :

ON NE PEUT PAS VRAIMENT COMPARER

a. *La scolarisation n'est plus la même :*

— Au siècle dernier, beaucoup de gens ne ....
.... ni lire ni écrire.   savoir

— Entre 1900 et 1950, tous les Français ....
.... par l'école primaire mais un petit nombre seule-   passer
ment .... des études secondaires.   faire
Aujourd'hui, tous font des études jusqu'à 16 ans.

— Beaucoup de jeunes continuent leurs études après la
classe de 3ᵉ alors qu'avant ils .... l'école
à 13-14 ans.   quitter

— De toute façon, déjà au milieu du XIXᵉ siècle, on
.... pessimiste !
On .... déjà que les jeunes qui   être
.... au baccalauréat :   dire
• ne .... pas correctement,   arriver
• n' .... pas en bon français,   lire
• ne .... pas l'orthographe,   écrire
• n' .... plus la grammaire.   connaître
                                                                  apprendre

— On peut dire qu'avant, les élèves ....
les mêmes difficultés en orthographe que les élèves d'au-   avoir
jourd'hui. Mais maintenant, ils entrent au collège alors
qu'autrefois, beaucoup .... tout de suite
travailler.   aller

b. *Les lycéens d'aujourd'hui sont meilleurs*
que les lycéens d'hier sur certains points

— Ils s'expriment généralement bien à l'oral, ce qui
n'................... pas le cas il y a quelques années   être
seulement.

— Aujourd'hui, on apprend aux élèves à observer et à réfléchir alors qu'autrefois, il .... surtout apprendre par cœur.   falloir

— Depuis quelques années, les mathématiques ont la première place; avant, le niveau .... plus   être
faible et l'informatique n'................... pas.   exister

— On présente la littérature de manière plus scientifique. Dans les années 50-60, on .... surtout le   étudier
vocabulaire et les idées.

c. *Les professeurs disent qu'on a tout de même fait certaines erreurs!*
— Il y a une dizaine d'années, on ....   dire
qu'il ne .... plus faire de grammaire. Les   falloir
enseignants .... répondre aux questions   devoir
des élèves sans faire de cours: leur rôle
.... complètement et ils ne   changer
.... plus très bien comment faire!   savoir

— En même temps, on a supprimé beaucoup d'exercices traditionnels qui .... pourtant d'attirer   permettre
l'attention des élèves sur les difficultés.

— On .... beaucoup sur l'oral mais on ne   insister
.... plus assez de travail écrit.   faire

— En histoire, les élèves .... des idées   avoir
générales mais ils .... incapables de   être
raconter les faits et de donner des dates.

Heureusement, on a commencé, au début des années 80, à corriger certaines de ces erreurs!

III. Emplois du passé composé et de l'imparfait

A. Pour distinguer *l'action-événement* et *l'action-situation* dans le passé

118 *Lisez les phrases, observez l'emploi des temps...*

- J'**ai arrêté** mes études à 16 ans parce que je **m'ennuyais** en classe.
- J'**étais** bonne en maths alors j'**ai passé** le bac C et puis j'**ai préparé** l'école Polytechnique.
- Tous ces gens, je les **ai connus** quand j'**étais** prof au lycée Louis-le-Grand.
- Il **n'est pas allé** passer l'oral parce qu'il **avait** 40 de fièvre !
- Il **avait** à peine 16 ans quand il **est entré** à l'université.
- Il **était** brillant en langues mais il **a préféré** faire du droit.

PASSÉ COMPOSÉ ET IMPARFAIT SONT DEUX TEMPS DU PASSÉ ; ILS SERVENT À EXPRIMER DEUX TYPES D'ACTION :

— L'ACTION SITUATION est exprimée par l'IMPARFAIT

EXEMPLES : J'**habitais** près du collège,
Mes parents m'**aidaient** beaucoup,
Les professeurs **étaient** très sérieux.

— L'ACTION ÉVÉNEMENT est exprimée par le PASSÉ COMPOSÉ

EXEMPLES : J'**ai passé** mon bac,
Je **suis entré(e)** en fac,
et là, j'**ai eu** du mal à m'adapter !

L'IMPARFAIT donne une dimension, un volume à l'action, il pose l'action comme un décor alors que le PASSÉ COMPOSÉ présente l'action comme un flash, il crée une rupture dans la situation.

EXEMPLES :

Mon mari était contre
       mais
j'ai quand même préparé l'ENA

Je l'ai connu
       quand
il préparait l'agrégation

J'ai quand même préparé l'ENA

mon mari **était** contre

Je l'ai connu

il prépar**ait** l'agrégation

GRAMMAIRE

... et maintenant placez les actions comme il convient :

a. J'ai arrêté mes études

   parce que

je m'ennuyais en classe.

b. Il avait à peine 16 ans

   quand

il est entré à l'université.

c. Elle avait 40 de fièvre

   alors

elle n'est pas allée passer l'oral.

d. L'hiver dernier, on a fermé

l'école pendant huit jours

   parce qu'il

faisait trop froid

---

119 *Complétez :*

ACTION ÉVÉNEMENT : VERBE AU PASSÉ COMPOSÉ
ACTION SITUATION : VERBE À L'IMPARFAIT

a. Quand je .... en sixième, je   entrer

.... parfaitement le russe.   parler

b. Il .... bon en maths alors il   être

.... un bac C et ....   passer / préparer

Polytechnique.

c. Tous ces gens, j'.................. le plaisir de les   avoir

connaître quand j'.................. prof au lycée   être

Louis-le-Grand.

d. Ses parents .... à l'école parce   ne pas le laisser

qu'ils .... besoin de lui pour travailler à la   avoir

ferme !

e. On .... de salle de classe, alors on

.... la salle de sport!

manquer

supprimer

f. Elle .... dans notre collège parce

que c'.................... trop loin de chez elle.

ne pas rester

être

g. Tu te souviens de Frédéric qui ne ....

rien en chimie, eh bien, il .... biolo-

giste!

comprendre

devenir

h. La   personne   qui   ....   là

.... de m'inscrire.

se trouver

refuser

---

120 *Lisez ce texte puis racontez la même chose au passé. Faites*
la différence entre action-événement (passé composé) et action-situation (imparfait)

HISTOIRE DE LA COCARDE TRICOLORE

Avant 1789, la cocarde est toute
blanche. Les militaires l'attachent au
chapeau ou sur la poitrine les jours de
fête. Le 14 juillet 1789, le maire de Paris
distribue des cocardes aux couleurs de
la ville : bleu et rouge.
Quand le roi Louis XVI vient à Paris le
17 juillet 1789, Bailly (le maire) et La
Fayette lui donnent la première cocarde
tricolore bleu-blanc-rouge ; le bleu et le
rouge représentent les couleurs de la
ville et le blanc représente la monarchie.
Cette nouvelle cocarde symbolise l'al-
liance entre le peuple et le roi.

....

....

....

....

....

....

....

....

B. Pour respecter la concordance des temps dans la construction *verbe + que*

EXEMPLE : Il **a dit** que ce n'**était** pas grave.

121 *Complétez avec les verbes proposés comme dans l'exemple (a):*

a. *Entre deux élèves:*

Tu as vu François? Qu'est-ce qu'il t'a dit?   aller

— Il m'a dit qu'il allait mieux, qu'on ne devait pas s'inquiéter.   devoir

b. *Entre le proviseur[1] et un professeur:*

Et quand vous ne l'avez pas vu en classe, qu'est-ce que vous avez
pensé?

— Eh bien, j' .... malade   être

c. *Entre un professeur et un élève:*

Alors, vous n'avez encore rien compris!

— Mais si, j' ....   falloir

donner la définition des mots mais je n'ai pas eu le temps de
répondre à cette question!

d. *Entre deux professeurs:*

Et l'inspecteur, qu'est-ce qu'il a dit?

— Eh bien, ... les élèves ....   participer

.... bien mais qu'ils .... d'originalité!   manquer

e. *Entre deux professeurs:*

Est-ce que la directrice s'est aperçue de quelque chose?

— Bien sûr, elle .... que certains élèves

.... de l'école pendant la récréation et que d'au-   sortir

tres .... dans les toilettes.   fumer

f. *Un professeur à un autre professeur:*

Mais qu'est-ce que tu as imaginé?

— C'est très simple, ... qu'on ne

.... plus de moi ici et que j'....................   vouloir / aller

devoir changer d'école!

1. *proviseur:* directeur de lycée.

1 la, le, la la, la, l', la, le, la, les —

2 **a.** le, l', les, la, le, le, la, la, le, le, les, le, la, les — **b.** les, les, les, l', l', le, le —

4 à l', à la, aux, au —

5 **a.** aux, à la, à la, au, à l' — **b.** au, à l', à la, au — **c.** au, à l', au, à la — **d.** à la, à la, au, aux —

8 de la, du, des, des, de la, du, de l' —

9 **a.** de l', de la, du, des — **b.** du, de l', de la, de l', des — **c.** du, de l', du, de l', de la — **d.** de la, des, du, de l', de la — **e.** du, du, des, de la, des — **f.** de la, du, des —

10 **a.** des — **b.** de la, des — **c.** de la — **d.** du — **e.** du — **f.** de l' — **g.** des — **h.** des —

12 **a.** du — **b.** des — **c.** de la — **d.** du — **e.** du — **f.** des — **g.** de la — **h.** de l' — **i.** de la — **j.** de la — **k.** des — **l.** de la —

13 **a.** un, un, une, des, une, une — **b.** un, un, un, des, un, une, des, une, un, des — **c.** un, des, un, une, des, un, une, des — **d.** un, une, des, un, un, des, une, des, des, des, un — **e.** un, un, des, une, une, un —

15 **a.** n'y a pas de bruit, sans ascenseur, n'y a pas de chauffage, n'y a jamais de soleil — **b.** de télé ni de cinéma, plus de sorties, pas de vacances, aucune distraction —

16 **a.** pas de téléphone, pas de réveil, pas d'heure... **b.** dictionnaires ni notes de cours, de bavardages — **c.** de lettres, jamais de coup de fil, jamais de visites — **d.** de rhumes, plus d'angines, plus de grippe — **e.** roman, aucune pièce de théâtre, aucun écrivain, aucun peintre —

17 **a.** plus de voiture — **b.** pas de bijoux (aucun bijou) — **c.** jamais de vacances (pas de vacances) **d.** ni maison... ni bateau — **e.** aucune ambition (pas d'ambition) — **f.** aucun problème (pas de problèmes) —

19 **a.** des, des, du, de la, de, de, de, d', de — **b.** du melon et de la salade..., du pain... et des flocons..., du jus... et du lait..., de confiture ni de beurre, de sucre ni de croissants (ni de brioche), de cacao ni de lait... —

20 **a.** beaucoup de céréales et de bananes, jamais de beurre ni de confiture, beaucoup d'eau (peu de café au lait), trop d'œufs, moins d(e)..., plus de ... —

22 ce costume, ce pantalon, ce sac, ce chapeau, — cet ensemble, cet anorak, cet imperméable, cet énorme parapluie — cette cravate, cette écharpe, cette veste, cette robe, cette affreuse jupe — ces chaussures, ces gants, ces baskets, ces horribles vêtements —

23 **a.** ce — **b.** ces — **c.** cette — **d.** ces — **e.** cet — **f.** cet — **g.** cette — **h.** cet —

24 **a.** ce, ces — **b.** cet, cette, ce — **c.** ce, cette — **d.** ces, cette —

25 **a.** son, ses, sa, ses, sa, son, leur, leurs — **b.** mon, mon, ma, mes — **c.** nos, nos, notre, nos, notre — **d.** ton, ta, ton, tes, ta — **e.** votre, votre, votre, vos — **f.** ton, ton, ta, tes, leur, leur —

26 **a.** ma, notre, son, mon — **b.** son, son, sa, sa, ses, sa, son, ses, sa, ses, ses, sa —

28 **b.** on se prépare: se préparer / on se presse: se presser — **c.** vous vous mettez en colère: se mettre en colère / je m'en vais: s'en aller — **d.** nous nous demandions: se demander / tu t'es fait mal: se faire mal —

29 **a.** te, tu te, te, tu t' — **b.** me, je me, je me, je me — **c.** se, s', elle se, s' — **d.** vous, nous, vous, se —

30 **a.** me demande, s'est mise — **b.** s'est couchée, s'est endormie — **c.** vous offrez, vous plaignez — **d.** t'es lavé, t'es coiffé — **e.** se sont baignés, se sont amusés — **f.** se sont mariés, se sont installés —

31 **a.** ne vous ennuyez pas — **b.** ne s'est pas inquiété — **c.** ne vous promenez plus — **d.** ne se trompe jamais — **e.** ne me couche jamais — **f.** ne t'intéresses plus — **g.** ne se met jamais en colère — **h.** ne se connaît pas —

32 **a.** toi — **b.** vous — **c.** nous — **d.** toi — **e.** t' — **f.** vous — **g.** toi — **h.** te —

33 eux, ils; vous, vous; moi, j'; toi, tu; toi, tu; elle, elle; avec toi, sans elle —

34 **a.** elle — **b.** eux — **c.** moi, lui — **d.** moi — **e.** vous — **f.** toi, lui — **g.** vous, nous — **h.** eux —

35 je te téléphone, je te jure, je vous appelle, ça vous convient, ça nous convient, nous vous recevrons, il nous appelait, tu ne me rapporteras pas ma cassette, tu ne me rends pas, Charles ne nous accompagnera pas, il ne nous appelle plus —

36 **a.** te, m', te, ne te, pas, ne m', pas, ne me, pas — **b.** ne m', plus, ne me, plus, ne me, pas, ne m', pas — **c.** vous, nous, vous, vous — **d.** vous, vous, ne vous, pas, vous —

37 je t'ai attendu, je t'ai appelée, je t'ai téléphoné, tu ne m'as pas téléphoné —

38 **a.** Tu ne m'as pas invité — **b.** Gilles ne vous a pas reconnus — **c.** Il ne t'a rien promis — **d.** Ils ne nous ont jamais emmenées —

39 **a.** appelés, entendues, répondu, souri, suivis, perdus, apporté — **b.** reçue, demandé, répondu, conseillé, proposé, aidée —

40 nous a émus, nous a apporté, nous ont reçus, nous ont offert, nous a téléphoné, nous as écrit, te souhaitons, t'embrassons —

42 ce télégramme, le, le, le, l', le — ces photos, les, les, les, les, les —

43 **a.** le — **b.** les — **c.** les — **d.** les — **e.** la — **f.** les —

44 mon carnet de chèque, l'a trouvé, l'a remis, l'ai récupéré / ma carte d'identité, l'a trouvée, l'a remise, l'ai récupérée —

45 je la connais (connaître Florence) je l'appellerai (appeler Florence) une partie de pêche les intéresse (intéresser Florence et Bernard) / je lui ai dit bonjour (dire bonjour à Florence) je leur demanderai (demander à Florence et Bernard) — je l'ai rencontré, je le connais, je l'appellerai, une partie de pêche l'intéresse / tu lui as parlé, je lui ai dit bonjour, je lui demanderai — je les ai rencontrés, je les connais, je les appellerai, une partie de pêche les intéresse / tu leur as parlé, je leur ai dit bonjour, je leur demanderai —

46 **a.** lui écrirai demain — **b.** l'appelle — **c.** la connais pas — **d.** lui plaira — **e.** l'adorent — **f.** l'ai pas laissée —

47 **b.** tu l'invites, tu lui feras plaisir — **c.** le rencontrez, vous lui direz que — **d.** la connaissez, vous lui conseillerez — **e.** la voyez, vous lui montrerez — **f.** l'appelles, tu lui raconteras —

48 **b.** les a déjà avertis — **c.** leur ai déjà téléphoné — **d.** les avons prévenus — **e.** leur ai déjà raconté — **f.** les avons déjà informés —

49 les accompagne, leur montre, les intéresse, les balade, les étonnent, leur plaisent, leur paraissent —

50 **a.** je ne l'aide pas, je ne leur dirai rien, je ne la raccompagne pas, je ne le rappelle pas, je ne les invite pas, je ne lui téléphone pas — **b.** t'appelle, te dire, l'as annoncée, lui dirai, le rappellerai, l'ai vu, me reçoit, m'a dit, lui faisait pas plaisir, lui demanderas, te fais, leur parlerai, les calmer, m'appelles, t'appelle, t'embrasse —

51 **b.** donnez-lui un yaourt (donner un yaourt à Pierre) — **c.** coupez-la en morceaux (couper la pomme en morceaux) — **d.** sortez-le du frigo (sortir le lait du frigo) — **e.** réchauffez-le (réchauffer le lait) — **f.** laissez-les (laisser les enfants) — **g.** aidez-la (aider Marielle) —

52 téléphone-moi! aide-moi! **b.** croyez-moi! **c.** laisse-moi! **d.** aide-moi! **e.** conseille-moi! **f.** écoutez-moi! **g.** Suis-moi! **h.** Excusez-moi!

53 **b.** nous vous disons... croyez-nous! **c.** nous t'avons dit que nous étions... laisse-nous! **d.** nous n'arrivons pas... aide-nous! **e.** nous devons... conseille-nous! **f.** écoutez-nous! **g.** nous te conduisons, suis-nous! **h.** nous vous avons fait..., excusez-nous!

54 arrête-toi! soigne-toi! **b.** dépêche-toi! **c.** souviens-toi! **d.** sers-toi! **e.** pousse-toi! **f.** assieds-toi!

55 **b.** vous êtes en retard, dépêchez-vous! **c.** quand avez-vous utilisé votre passeport pour la dernière fois, souvenez-vous! **d.** prenez ce que vous voulez: servez-vous! **e.** vous prenez toute la place: poussez-vous! **f.** tenez, prenez une chaise: asseyez-vous!

56 le, le; la, la; les, les; nous, nous; leur, leur; vous, vous; toi, te

57 **a.** ne l'aide pas! **b.** donnez-lui! — **c.** ne le lis pas! **d.** écoute-les! **e.** ne vous pressez pas! **f.** ne me raconte pas! **g.** ne leur écris pas! **h.** ne m'appelle pas! **i.** ne te mets pas! **j.** sers-toi! **k.** ne lui parle pas! **l.** ne nous attendez pas! **m.** écoute-la (le)! — **n.** ne la prévenez pas! — **o.** ne t'occupe pas de ça! **p.** ne te retourne pas! **q.** ne le fais pas! **r.** ne les mange pas! **s.** prévenez-le! **t.** marie-toi! —

58 les voyait, lui tenait, lui offrait, l'emmenait, la regardait, t'aime, t'aimerai, lui répondait, l'écoutait, l'épousera / les a séparés, lui a expliqué, lui faisait peur, l'imaginait, / le remarque, la salue, lui parle, le salue, lui répond, lui propose, le croit, le suit / lui manque, l'appelle, la cherche, lui envoie, lui dit, lui manque, lui promet, les reçoit, les ouvre, les lit / ne m'abandonne pas! ne m'oublie pas! ne me laisse pas! souviens-toi! oublie-le!

écris-moi! s'il te plaît, t'aime, t'attends / lui a écrit, lui a demandé, l'a prié, lui a ouvert, lui a tendu, prête-moi, ouvre-moi!

59 **b.** il en prend deux ou trois — **c.** il en emporte un peu — **d.** non, il n'en emporte pas — **e.** oui, il en emporte un — **f.** non, il n'en emporte pas —

61 **b.** 1 — **c.** 2 — **d.** 1 — / **b.** ils en ont mangé — **b'.** ils n'en ont pas mangé — **c.** ils en ont fait — **c'.** ils n'en ont pas fait — **d.** ils en ont pris — **d'.** ils n'en ont pas pris —

62 **a.** il en a distribué un à chaque enfant — **b.** elle n'en a pas organisé — **c.** ils en ont pris beaucoup — **d.** ils n'en ont pas reçu — **e.** ils en ont chanté trois — **f.** il n'y en a pas eu —

63 **b.** reprends-en — **c.** cherchez-en un **d.** gardes-en un peu **e.** laisses-en —

65 **b.** ne fait pas froid, ne mets pas mon manteau — **c.** ne vais pas tomber — **d.** n'ai pas compris — **e.** je ne dis pas bonjour — **f.** je n'obéis pas — **g.** je ne vais pas me coucher — **h.** je n'ai pas promis — **i.** je ne serai pas sage — **j.** je ne suis pas mignonne —

66 ne faut pas, n'a pas dormi, n'a pas faim, n'est pas en forme, ne veut pas aller, ne faut pas s'inquiéter, n'a pas pris —

67 **a.** ne veux plus prendre le métro, ne veux plus travailler à l'usine, ne veux plus vivre à Paris. **b.** ne fume plus, ne sort plus, n'est plus aussi nerveux — **c.** ne serons plus ici, ne pourront plus jouer ensemble, ne se verra plus

68 **b.** Ta sœur ne pourra jamais vivre seule! **c.** Il ne comprendra jamais — **d.** Myriam ne saura jamais prendre une décision! **e.** Son projet ne réussira jamais! **f.** Ils ne reviendront jamais!

69 — **b.** mais, je n'ai jamais menti! — **c.** mais, je n'ai jamais utilisé ton appareil photo — **d.** mais, je n'ai jamais refusé d'aider mamie! **e.** mais, je n'ai jamais revu Bernard! **f.** mais, je n'ai jamais promis de l'inviter! **g.** mais, je n'ai jamais touché à tes affaires!

70 ne sortons jamais, n'allons jamais, ne voulez jamais m'accompagner, ne sommes jamais allés, n'êtes jamais disponibles!

71 **b.** elle ne l'invitera jamais plus chez elle! elle ne l'invitera plus jamais chez elle! **c.** Les Pradier ne reprendront jamais plus le bateau! / Les Pradier ne reprendront plus jamais le bateau! **d.** Barbara ne voudra jamais plus repartir! Barbara ne voudra plus jamais repartir! **e.** Nous ne recommencerons jamais plus! / nous ne recommencerons plus jamais! **f.** Elles ne vous ennuieront jamais plus! Elles ne vous ennuieront plus jamais! **g.** Je ne le ferai jamais plus! Je ne le ferai plus jamais! **h.** Il ne t'aidera jamais plus! ne t'aidera plus jamais! **i.** Je ne partirai jamais plus avec eux! Je ne partirai plus jamais avec eux! **j.** Je ne reviendrai jamais plus! Je ne reviendrai plus jamais!

73 **b.** Il a promis de ne plus se fâcher — **c.** On nous demande de ne pas rester ici — **d.** Elle m'a conseillé de ne pas refuser — **e.** Elle a juré de ne jamais quitter sa famille — **f.** On nous a demandé de ne pas réveiller Fabrice demain matin —

74 **a.** traverser la rue sans regarder — **b.** parler sans réfléchir — **c.** quitter l'hôtel sans payer — **d.** lire sans comprendre — **e.** se mettre à table sans avoir faim — **f.** arriver sans prévenir — **g.** partir sans laisser d'adresse — **h.** répondre sans savoir — **i.** manger sans avoir faim — **j** écouter sans comprendre —

75 **a.** être, être, être, être, être, avoir, aller, aller, avoir, faire, aller, faire, faire, être — **b.** être, faire, être, aller, être, être, faire, aller, avoir — **c.** faire, aller, avoir, avoir, être, avoir, être, aller —

76 **b.** Je vais au cinéma tous les lundis. **c.** Julie va à la fac à Dijon — **d.** Les garçons font du droit — **e.** Ma mère a l'accent du Midi **f.** Vous n'allez jamais au bord de la mer? — **g.** Il ne fait pas beau — **h.** Maha et Jenny ne sont pas françaises — **i.** Tu vas à la piscine le samedi? — **j.** Vous êtes lyonnais? —

77 **a.** a, est, est, a, est, a, a, a, va, fait, fait — **b.** sont, sont, ont, sont, ont, sont, font, sont, font, ont, vont — **c.** sommes, avons, avons, avons, allons, faisons — **d.** ai, avez, avez, avez, avez, avez, avez, allez, êtes — **e.** est, est, a, va, fait, est, est — **f.** suis, suis, ai, sommes, ai, suis, ai, suis, fais, fais, a, vais, es, est, es, est, as, est, fais, vas —

78 vous donnez, ils arrivent, nous travaillons, vous étudiez, je crie, tu rêves, elles continuent, elle habite, il remercie

79 nous préférons, tu jettes, vous achetez, elle répète, ils complètent, considérez-vous, on l'appelle, tu rejettes, épelez, on renouvelle, je vous emmène, vous vous levez —

80 **a.** j'envoie — **b.** nous ne partageons pas — **c.** elle paie — **d.** nous voyageons — **e.** vous mangez — **f.** nous nous ennuyons — **g.** tu nettoies — **h.** nous remplaçons

81 aimons, habitons, étudie, travaille, mène, lève, prépare, écoute, préfère, réveille, va, achète / mangeons, gagnons, faisons, plaçons, espérons / préfèrent, partagent, commencent, travaillent, déjeunent, vont, promènent, s'installent, paient, passent, s'ennuient, a, ennuyons, laissent, laissons —

83 **b.** Le cours finit à 15 heures — **c.** Tu remplis un formulaire? **d.** Les profs se réunissent une fois par mois — **e.** Le directeur et moi-même, réfléchissons à une meilleure solution — **f.** La direction de l'école avertit les parents si les élèves sont absents — **g.** Est-ce que vous choisissez le bac scientifique? **h.** Les étudiants réagissent avec violence. —

84 élargir: large, agrandir: grand, éclaircir: clair, enrichir: riche, atterrir: terre, épaissir: épais, salir: sale, brunir: brun, jaunir: jaune, fleurir: fleur, rafraîchir: frais, grossir: gros —

85 réussissez, obéissez — **b.** grandissent, pourrissent — **c.** jaunit — **d.** brunissent, noircissent, agissez — **e.** ne grandit plus, nourrissez — **f.** dépérit —

86 série 1: fleurir, <u>crier</u>, jaunir, grandir — série 2: <u>étudier</u>, blondir, brunir, choisir — série 3: rougir, <u>prier</u>, salir, grossir — série 4: atterrir, se rafraîchir, avertir, <u>remercier</u> —

87 **b.** Vous obtenez des résultats satisfaisants — **c.** Tu sors ce soir? **d.** Ils viennent tous les mois — **e.** Nous dormons tard le dimanche — **f.** Je découvre la région — **g.** L'épicier ouvre sa boutique jusqu'à 22 heures — **h.** Christine tient à sa tranquillité —

88 série 1: nous offrons, nous sentons, <u>nous punissons</u>, nous souffrons — série 2: elles deviennent, <u>elles rougissent</u>, elles sortent, elles cueillent — série 3: vous servez, <u>vous réfléchissez</u>, vous prévenez, vous accueillez — série 4: nous obtenons nous découvrons, nous dormons, <u>nous agissons</u> — série 5: <u>vous obéissez</u>, vous partez, vous venez, vous ouvrez —

89 **b.** Ils mettent la radio trop fort — **c.** Michel et moi lisons un roman de Maupassant — **d.** Nos voisins se plaignent du bruit — **c.** Ils conduisent vite — **f.** On descend par l'ascenseur — **g.** Le gouvernement craint une crise monétaire — **h.** Vous croyez? — **i.** Quand est-ce que vous prenez l'avion? **j.** Elle le voit tous les jours au bureau —

90 **a.** il écrit, nous écrivons — **b.** nous vendons, tu vends — **c.** je crains, vous craignez — **d.** tu mets, ils mettent — **e.** il comprend, je comprends — **f.** il répond, vous répondez — **g.** tu peins, ils peignent — **h.** on lit, elles lisent —

91 **a.** dis, dit, dites, disent — **b.** plaisent, plais, plaisons, plaît — **c.** vois, voyons, voyez — **d.** conduit, conduisent, conduisons, conduis — **e.** connaissez, connais, connaît — **f.** croyez, croient, crois — **g.** apprenez, apprend, apprennent — **h.** descends, descendent, descendent —

92 **a.** aperçoit, s'aperçoivent — **b.** voulez, veux, veut, veulent — **c.** buvez, bois, boivent — **d.** sais, savez — **e.** valent, vaut — **f.** dois, devons — **g.** pouvez, peux, pouvons, peut — **h.** mourons, meurs

93 est, appelle, a, s'enrichit, marie, devient, deviennent, donne, veulent, reçoivent, appartient, a, vit, s'appelle, est, veut, essaie, se connaissent, habitent, sert, meurt, s'agit —

95 **b.** penser, nous pensons; construire, nous construisons — **c.** conserver, vous conservez — **d.** retenir, tu retiens; fermer, tu fermes; faire, tu fais; écrire, tu écris; se souvenir, tu te souviens —

96 **a.** agissons! agissez! **b.** vas-y! allez-y! **c.** prenons-en! prenez-en! **d.** éteignons! éteignez! — **e.** Lis! lisons! — **f.** envoie! envoyez! **g.** prépares-en! préparons-en! prépare-toi! préparons-nous!

97 **a.** ayons — **b.** veuillez — **c.** sois — **d.** soyez — **e.** sachons — **f.** ayez —

98 **b.** apprends — **c.** mettez, répondez — **d.** étudie — **e.** emploie — **f.** faites — **g.** souvenez-vous — **h.** réfléchissez et écrivez —

99 **b.** démarque-toi! — **c.** va! — **d.** réveille-toi! — **e.** attaque! — **f.** place-toi! — **g.** vise! — **h.** cours! —

101 **b.** allume la lampe — **c.** taisez-vous — **d.** donne-moi à boire — **e.** aide-moi à l'essuyer — **f.** va jouer — **g.** passe au théâtre, s'il te plaît — **h.** soyez à l'heure —

102 **b.** appelons-la — **c.** louons-le **d.** prenons **e.** pensons — **f.** parlons

103 **a.** ne fumez pas... — ne courez pas... — ne jetez pas de papiers à terre — **b.** n'interromps pas — ne te sers pas — ne chante pas — ne joue pas — ne mets pas —

105 **b.** n'y allons pas! **c.** ne parlons pas de politique! **d.** ne l'invitons pas! **e.** ne nous pressons pas! **f.** ne rêvons pas! —

106 — ne s'est pas assise, s'est congelé / est entrée, est passée / a poussé, a regardés, a crié, a dit —

107 **a.** as, a poussé, avons poussé, avez poussé, ont poussé — **b.** es, est entré, est entrée, est, est, sommes entré(e)s, êtes, sont entrés, sont entrées — **c.** es, s'est assis, s'est assise, s'est, s'est, sommes assis(es), êtes, se sont assis, se sont assises — **d.** as été, a été malade, a été, avons été malades, avez été, ont été malades — **e.** as eu, a eu, avons eu, avez eu, ont eu —

109 **a.** as offert — **b.** ai eu — **c.** ont fait — **d.** est devenu — **e.** a vécu — **f.** avons été — **g.** n'ai pas dormi — **h.** a plu — **i.** n'ai pas fini — **j.** est allé — **k.** avez pris — **l.** s'est passé — **m.** avons eu — **n.** est né — **o.** ai ri — **p.** a été — **q.** as écrit — **r.** a plu — **s.** ai répondu — **t.** est mort — **u.** n'ai pas voulu — **v.** avons reçu — **w.** ont repeint — **x.** ai passé, ai souffert — **y.** as rentré —

110 **a.** est tombée — **b.** ai lus — **c.** est rentré, a appelé, a réveillés — **d.** avez interrompus — **e.** as écouté — **f.** se sont revues, ne se sont pas reconnues — **g.** suis née, ai habité, ont déménagé, nous sommes installés, sont nés, n'avons plus jamais quitté — **h.** as préparée — **i.** a passé — **j.** est morte —

111 **a.** est allée, a abandonné, a travaillé, a décidé, a fait, a eu — **b.** avez quitté, n'avez pas appris, avez travaillé, ai été, avez voulu, avez créé, ai commencé, ai développé — **c.** ai enseigné, suis entré, m'a plu, ai eu, ai préparé, ai réussi, ai fait, ai choisi — **d.** est née, a écrit, a obtenu, ont connu, a rendue, a écrit, a réalisé —

112 a écrit, a plu, a appelé, ont chanté, a plu, est devenu —

113 **a.** avait, avais, avaient, avions — **b.** aviez, avais, avais, avaient — **c.** avait, avais, avais, avait, aviez —

114 **a.** je faisais, nous faisions, ils faisaient — **b.** tu allais, vous alliez, elle allait — **c.** on prenait, nous prenions, elles prenaient — **d.** je savais, il savait, vous saviez — **e.** tu finissais, ils finissaient, nous finissions — **f.** on devait, vous deviez, je devais — **g.** je craignais, nous craignions, vous craigniez — **h.** tu pouvais, vous pouviez, on pouvait —

115 **a.** était, étais, étions, était — **b.** étais, étais, étions — **c.** étaient, étions —

116 **a.** je croyais, nous croyions, ils croyaient — **b.** on étudiait, nous étudiions, vous étudiiez — **c.** tu appuyais, elle appuyait, vous appuyiez — **d.** je commençais, nous commencions, ils commençaient — **e.** tu essuyais, nous essuyions, vous essuyiez — **f.** je partageais, vous partagiez, elles partageaient — **g.** on oubliait, nous oubliions, vous oubliiez — **h.** tu avançais, vous avanciez, ils avançaient —

117 **a.** savaient, passaient, faisaient, quittaient, était, disait, arrivaient, lisaient, écrivaient, connaissaient, apprenaient, avaient, allaient — **b.** était, fallait, était, existait, étudiait — **c.** disait, fallait, devaient, changeait, savaient, permettaient, insistait, faisait, avaient, étaient —

118 **a.** je m'ennuyais — **b.** il avait à peine 16 ans — **c.** elle avait 40 de fièvre — **d.** il faisait trop froid —

119 **a.** suis entré(e), parlais — **b.** était, a passé, a préparé — **c.** ai eu, étais — **d.** ne l'ont pas laissé, avaient — **e.** manquait, a supprimé — **f.** n'est pas restée, était — **g.** comprenait, est devenu — **h.** se trouvait, a refusé —

120 était, attachaient, a distribué, est venu, ont donné, représentaient, représentait, symbolisait —

121 **b.** j'ai pensé qu'il était — **c.** j'ai compris qu'il fallait — **d.** il m'a dit que les élèves participaient, manquaient — **e.** elle s'est aperçue que certains élèves sortaient, fumaient — **f.** j'ai imaginé qu'on ne voulait, j'allais.

Édition: Gilles Breton
Conception graphique et couverture: Jehanne-Marie Husson
Mise en page: Catherine Boutron
Illustrations:
Gabs: 11, 12, 19, 20, 23, 34, 39, 53, 55, 57, 76
Laure Jaulin: 6, 13, 115
Claudine Maerten: 5, 94
Document iconographique: J.-L. Charmet

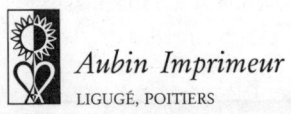
Aubin Imprimeur
LIGUGÉ, POITIERS

Photocomposition et Photogravure GRAPHIC HAINAUT, 59690 Vieux-Condé
IMPRESSION – FINITION
Achevé d'imprimer en février 1994
N° d'édition 10020412-V-(31)-(OSB-80°) / N° d'impression L 44738
Dépôt légal : février 1994 / Imprimé en France